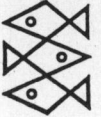

Märchen der Prärieindianer. Keines der nordamerikanischen Indianervölker hat die Klischees über die Ureinwohner dieses Halbkontinents so nachhaltig geprägt wie die Vertreter der historischen Bisonjägerkulturen auf den Prärien und Plains. Von vier großen Stammesverbänden aus diesem riesigen Areal, den Sioux, den Cheyenne, den Pawnee und den Blackfeet, stammen die hier versammelten Erzählungen. Sie künden von den heiligen Dingen am Anfang der Welt, von den Freuden und Nöten der jägerischen Lebensweise, von den wundersamen Abenteuern eines Tricksters, von Kriegszügen und Visionen, vom Ursprung der wichtigsten Zeremonie auf den Großen Ebenen, dem Sonnentanz, vor allem aber von den mannigfachen Beziehungen zwischen Menschen, Tieren, Geistern und all den anderen Wesenheiten im indianischen Kosmos. Überall auch finden sich Hinweise auf die konkreten Alltagswelten und auf die uns so fremd scheinenden Weltbilder dieser Kulturen. Es geht dem Herausgeber darum, eine Lebensphilosophie zu dokumentieren, in der der Mensch gleichbedeutend mit Tier, Pflanze und Stein in einem Kosmos steht, dessen Balance erhalten sein will.

Frederik Hetmann (Hans-Christian Kirsch), 1934 in Breslau geboren, lebt als freier Schriftsteller in Nomborn/Westerwald. Er sammelte, übersetzte und edierte Märchen und Volkserzählungen vor allem aus England, Irland, Wales und Nordamerika. Er hat außerdem mehrere phantastische Romane und Jugendbücher verfaßt, für die er mit dem Deutschen Jugendbuchpreis, dem Deutschen Fantasy-Preis und dem Preis für Phantastik der Stadt Wetzlar ausgezeichnet wurde.
In der Reihe *Märchen der Welt* hat Frederik Hetmann zahlreiche Sammlungen herausgegeben.

Märchen der Prärieindianer
Sioux, Cheyenne, Pawnee und Blackfeet
▲▲▲▲▲▲▲▲

Herausgegeben, übersetzt
und mit einem Nachwort
von Frederik Hetmann

Fischer
Taschenbuch
Verlag

Originalausgabe
Veröffentlicht im Fischer Taschenbuch Verlag GmbH,
Frankfurt am Main, September 1996
Erweiterte Neuausgabe

© Fischer Taschenbuch Verlag GmbH, Frankfurt am Main 1982, 1996
Umschlaggestaltung: Thomas & Thomas Design, Heidesheim
Gesamtherstellung: Clausen & Bosse, Leck
Printed in Germany
ISBN 3-596-13366-1

Gedruckt auf chlor- und säurefreiem Papier

Inhalt

▲▲▲▲▲▲▲▲

Erzählungen der Pawnee

Erzählungen der Blackfeet

Erzählungen der Sioux

▲▲▲▲▲▲▲▲

Eine Heilige Geschichte

▲▲▲▲▲▲▲▲

Von Wakan'tanka, dem Großen Geheimnis, kommt alle Macht. Es ist von Wakan'tanka, daß der Heilige Mann seine Weisheit hat, die Kraft zu heilen und heiligen Zauber zu machen. Die Menschen kennen all die Heilpflanzen durch Wakan'tanka, deswegen sind diese Pflanzen heilig. Deswegen sind auch die Büffel heilig, weil sie nämlich ein Geschenk Wakan'tankas sind.

Das Große Geheimnis gab den Menschen alle Dinge, die sie brauchen, um sich zu ernähren, um sich zu kleiden und um gesund zu bleiben. Und es gab den Menschen auch das Wissen, wie diese Geschenke benutzt werden müssen, wo man die heiligen Pflanzen findet, wie man jagt, wie man die Büffel umstellt und wie man weise wird. All das kommt von Wakan'tanka. Alles.

Der Heilige Mann erhält in der Jugend das Wissen, daß er heilig sein wird. Das Große Geheimnis läßt es ihn wissen. Manchmal sind es auch die Geister, die es ihm sagen. Die Geister kommen nicht immer im Schlaf. Sie kommen manchmal auch, wenn der Mann wach ist.

Wenn ein Geist kommt, scheint es, als ob ein Mensch dort stehe, aber wenn der Mensch gesprochen hat und fortgeht, sieht keiner, wohin er geht. Daran erkennt man die Geisterwesen. Der Heilige Mann steht immer mit den Geistern in Verbindung. Sie lehren ihn die Heiligen Dinge.

Der Heilige Mann geht allein zu einem einsamen Zelt. Er fastet und betet dort. Oder er geht hinauf auf die Hügel, in die Einsamkeit. Wenn er dann zurückkehrt, lehrt er die Menschen, was das Große Geheimnis ihm offenbart hat.

Er berät, er heilt und macht heiligen Zauber, um die Leute vor dem Bösen zu bewahren. Groß ist seine Macht. Er ist hoch geschätzt. Im Zelt erhält er den Ehrenplatz.

Und jetzt werde ich erzählen, wie ein Heiliger Mann, der Größte des Stammes, in den alten Tagen Zauberkraft machte.

Der Stamm lagerte im Kreis, der nach .Osten geöffnet war.

In der Mitte des Kreises errichteten sie ein großes Zelt, das aus mehreren Zelten zusammengesetzt war. Auf der einen Seite des Zeltes saßen die Frauen, auf der anderen Seite die Männer. Dann machten sie sich bereit für ein großes Fest.

Auf der anderen Seite des mittleren Feuers, gegenüber dem Eingang, machte der Heilige Mann das Geheimnis.

Mit einem Stock, der aussah wie ein Pfeil, bohrte er eine Reihe von Löchern in den Boden, alle fingertief. Dann ging er hinaus und berührte draußen die Erde, kam wieder ins Zelt und setzte sich. Jetzt forderte er die Leute auf, rasch das Geheimnis zu bereiten. Also nahmen sie Ton, füllten damit die Löcher und deckten sie dann mit Erde ab. Wenn das geschehen war, ging der Heilige Mann abermals nach draußen, um die Erde zu berühren. Er kam ins Zelt und begann zu singen. Die Leute schauten gebannt auf die Stelle, an der der Ton eingegraben worden war. Und siehe da: junge Pflanzen begannen zu keimen.

Dann, ehe er sang, sagte der Heilige Mann:

> Weit im Westen,
> Fern am Himmel,
> steht ein blauer Elch.
> Dieser Elch wacht
> über alle Frauen der Welt.

»Jetzt will ich singen«, sagte er darauf, und indem er dazu seine Trommel schlug, sang er das Heilige Lied. Danach forderte er die Leute auf, die Keime herauszuziehen. Und Achtung, in den Wurzeln saß die Zauberkraft. Und sie nahmen die Zauberkraft und legten sie auf die Sprossen von Sagebrush, denn diese Pflanze ist heilig. Der Zauber aber schützt die Krieger. Kein Pfeil kann sie treffen, unverletzt schreiten sie durch die Gefahr.

Ich habe euch gesagt, daß ein Heiliger Mann den Zauber schafft, um dem Volk zu helfen.

Mag Wakan'tanka mir beistehen, denn ich habe wahrheitsgetreu berichtet, wie Wakan'tanka den Indianern gebot, Zauber zu schaffen in alter Zeit.

Der Steinjunge

▲▲▲▲▲▲▲▲

»Ho, mita koda!« (Willkommen, Freund!) begrüßte mich Rauchiger Tag, als ich seine Hütte betrat. »Ich hoffe«, sagte er an diesem dritten Tag, »du hast nicht von einer Wasserschlacht mit den Ojibwa geträumt, nach der Geschichte, die ich dir gestern erzählte.« Ein Lächeln stand auf dem Gesicht des alten Weisen. »Nein«, sagte ich schüchtern, »aber andererseits hätte ich mir gewünscht, daß die Sonne etwas schneller reisen würde, damit ich bald wieder zu einer weiteren Geschichte komme.«

»Nun, diesmal werde ich dir eine Geschichte der Art erzählen, die wir Mythen oder Märchen nennen. Sie handeln von Männern und Frauen, die wunderbare Dinge tun. Dinge, zu denen die gewöhnlichen Sterblichen nicht in der Lage wären. Manchmal sind die Helden auch nicht so wie die menschlichen Wesen, weil sie die Natur von Tieren oder Göttern annehmen. Ich sage dir das schon jetzt, damit du mich dann nicht mit Fragen unterbrichst und dich nicht darüber wunderst, daß diese Personen mal dies und mal jenes werden.

Einmal waren da zehn Brüder, die lebten mit ihrer einzigen Schwester zusammen, einem jungen Mädchen von sechzehn Sommern. Sie war sehr geschickt, wenn sie stickte, und alle Brüder besaßen schön gearbeitete Köcher und Bogen, die mit Stachelschwein-Quasten verziert waren. Ihre Brüder liebten sie und behandelten sie sehr freundlich, und auch das Mädchen liebte seine Brüder sehr und war recht zufrieden, daß es ihnen den Haushalt führen durfte. Sie waren alle große Jäger und blieben kaum einen Tag daheim, und wenn sie am Abend zurück waren, berichteten sie von ihren Abenteuern.

Eines Nachts kam der eine nicht von der Jagd heim. Es war der Älteste, der fehlte. Sie nahmen an, er sei einem Reh zu weit gefolgt oder habe vielleicht mehr Wild geschossen, als er tragen konnte, aber seine Schwester hatte eine Vorahnung, daß ihm etwas Schreckliches zugestoßen sein könne. Der zweite Bruder tröstete sie. Er sagte, er werde den Vermißten am anderen Morgen suchen gehen. Das tat er denn auch, während die anderen wie üblich auf die Jagd gingen. Gegen Abend kehrten alle wohlbehalten zurück, bis auf den Bruder, der den Ältesten suchen gegangen war. Am nächsten Tag ging wieder einer auf die Suche nach den Vermißten, und auch er kam nicht mehr zurück. So verschwanden alle jungen Männer einer nach dem anderen, bis das Mädchen ganz allein war.

Ihr Kummer war groß. Sie wanderte umher. Sie weinte und hielt nach ihren Brüdern Ausschau, fand aber keine Spur von ihnen. Eines Tages ging sie an einem kleinen Bach entlang, dessen Wasser klar dahinfloß. Sie konnte einen glitzernden Kiesel auf dem Grund sehen, und der schien ihren verweinten Augen besonders schön. Da blieb sie stehen, holte ihn aus dem Wasser und steckte ihn in ihr Fellkleid unter ihren Busen. Zum ersten Mal seit dem Verschwinden der Brüder waren Kummer und Sorgen vergessen.

Schließlich ging sie heim, glücklich wie schon seit langem nicht, und wußte keinen Grund dafür zu nennen. Am folgenden Tag suchte sie wieder die Stelle auf, an der sie den Kiesel gefunden hatte, und diesmal schlief sie am Ufer des Baches ein.

Als sie erwachte, lag ein Baby an ihrem Busen. Sie nahm es auf, herzte und küßte es. Das Kind war ein Junge, aber es war schwer wie ein Stein, und deshalb nannte sie es Steinjunge. Das Mädchen weinte nicht mehr, denn es war glücklich mit seinem Baby. Das Kind war ungewöhnlich gescheit und konnte fast von Geburt an gehen.

Eines Tages entdeckte Steinjunge den Bogen und die Pfeile von einem seiner Onkel und wollte sie haben, aber die Mutter sagte: ›Warte, mein Sohn, bis du ein junger Mann bist.‹

Sie machte ihm einen Spielzeugbogen, und mit dem lernte er bald kleineres Wild zu erlegen, genug, um sie beide durchzubringen. Als er nun zu einem großen Jungen herangewachsen war, bestand er darauf zu erfahren, wem die zehn Bogen gehörten, die an der Wand der Hütte seiner Mutter hingen.

Da erzählte sie ihm die traurige Geschichte vom Verschwinden all ihrer Brüder.

›Mutter, ich werde meine Onkel suchen gehen‹, rief Steinjunge aus.

›Dann werde ich dich, wie schon sie, auch noch verlieren‹, erwiderte die Mutter. ›Ich würde vor Kummer sterben.‹

›Nein, ich gehe schon nicht verloren. Ich bringe dir deine zehn Brüder zurück. Schau, ich gebe dir ein Zeichen. Ich nehme hier dieses Kissen und lege es dort an jene Stelle. Behalte es immer im Auge. Solange ich lebe, wird das Kissen immer so stehen, wie ich es jetzt hingesetzt habe. Mutter, gib mir nur Proviant und einige Mokassins für die Reise!‹

Er griff sich einen Bogen, und mit einem Köcher voller Pfeile machte sich Steinjunge auf den Weg. Während er durch den Wald reiste, sprach er mit jedem Tier, das er traf, und fragte, ob es etwas über seine Verwandten wisse. Manchmal brüllte er laut. Wenn er meinte, irgendwo so etwas wie eine Antwort zu vernehmen, ging er sofort in die Richtung dieses Geräusches. So traf er einen großen Grizzlybär, der absichtlich den Ruf des Jungen nachgemacht hatte. Steinjunge war erschrocken.

›Warst du es, der auf mein Rufen geantwortet hat, Langgesicht?‹ fragte er.

Der Bär brummte und sprach: ›Du überlegst dir besser, wie du mich anredest, oder es wird dir noch einmal leid tun!‹

›Wer fragt schon nach dir, du rotes Triefauge, du häßliches Vieh‹, erwiderte der Junge, worauf der Bär sich auf ihn stürzte.

Aber das Fleisch des Jungen wurde hart wie Stein, und die großen Zähne und Klauen des Bären hinterließen darin keine Eindrücke. Außerdem war er so schrecklich schwer, und die ganze Zeit lachte er, als habe ihn jemand gekitzelt, was den Bären noch mehr verwirrte. Endlich stieß Steinjunge ihn beiseite und schoß ihm einen Pfeil ins Herz.

Er ging ein Stück weiter, bis er an einen gewaltigen umgestürzten Fichtenbaum kam, der offensichtlich vom Blitz getroffen worden war. Der Boden in der Nähe des Baumes wies die Spuren eines Kampfes auf, und Steinjunge sammelte mehrere Pfeile ein, die denen seiner Verwandten glichen.

Während er sich umsah, hörte er das Geräusch wie von einem Wirbelwind, weit fort im Himmel. Er schaute auf und erkannte einen schwarzen Fleck, der rasch größer wurde und zu einer dichten Wolke anwuchs. Aus der Wolke hervor kamen Blitz und Donner. Der Junge mußte die Augen zukneifen, und als er sie wieder auftat, siehe da! Ein stattlicher Mann stand vor ihm und forderte ihn zu einem Kampf heraus.

Steinjunge nahm die Herausforderung an, und sie rangen miteinander. Der Mann aus den Wolken war von gewaltiger Größe und sehr kräftig. Aber Steinjunge war sowohl stark als auch unnatürlich schwer. Der große Krieger vom Himmel schwitzte, und jetzt fiel ein schwerer Regenschauer. Und immer wieder zuckten Blitze, während die beiden miteinander kämpften. Schließlich warf Steinjunge seinen Gegner zu Boden, und dieser blieb regungslos liegen. Es gab ein murmelndes Geräusch im Himmel, und die Wolken zogen rascher vorbei.

›Nun‹, dachte der Junge, ›dieser Mann muß all meine Verwandten erschlagen haben. Ich werde zu seiner Behausung gehen und schauen, was aus ihnen geworden ist.‹

Er zog aus der Skalplocke des toten Mannes eine wunderschöne scharlachrote Flaumfeder. Er hauchte vorsichtig darauf, und als sie davontrieb in den blauen Himmel, folgte er ihr.

Fort flog Steinjunge in das Land der Donnervögel. Es war ein schönes Land, mit Seen, Flüssen, Ebenen und Gebirgen. Der Junge fand sich auf der Spitze eines hohen Gebirges wieder, und das Land schien ihm auch recht dicht bevölkert, denn wohin er auch schaute, überall sah er Zelte und Hütten. Besonders auffallend war ein riesiger Baum, der alle anderen überragte und in dessen Krone ein riesiges Nest war. Steinjunge stieg aus dem Gebirge herab und erreichte bald jenen Riesenbaum, aber es gab keine Äste, oder eben nur ganz oben, und der Baum war so groß, daß er gar nicht erst den Versuch machte, ihn zu besteigen.

Er nahm einfach die Flaumfeder, pustete und trieb langsam auf ihr aufwärts.

Als er in das Nest schauen konnte, erblickte er dort unzählige Eier verschiedener Größe und alle von auffälliger roter Farbe. Immerhin war er noch ein Junge, und als solcher war er neugierig und waghalsig.

Als er nun so sorglos mit den Eiern umging, fiel ihm plötzlich auf, daß sich in dem kleinen Dorf unmittelbar unter dem Baum Unruhe erhob. Alle Leute kamen auf den Baum zugelaufen. Er warf eines der Eier nach ihnen, und als es zerbrach, sah er, wie einer der Männer tot hinstürzte. Dann begannen alle klagend zu rufen: ›Gib uns unsere Herzen wieder!‹

›Ach‹, rief der Junge, ›so ist das also. Es waren die Herzen dieser Leute, die meine Verwandten töteten. Ich werde sie alle zerbrechen. Um mich mache ich mir keine Sorgen, aber ich denke an dich, Mutter, und an euch, meine Onkel!‹

Und tatsächlich zerbrach er alle Eier mit Ausnahme von vier kleinen, die er in die Hand nahm. Dann stieg er vom Baum herab und lief zwischen den verlassenen Hütten umher, in der Hoffnung, dort auf eine Spur seiner Verwandten zu stoßen. Er fand vier kleine Jungen, die einzigen Überlebenden ihres Volkes, und diesen befahl er, ihm die Stelle zu zeigen, an der die Knochen der Onkel lagen.

Sie führten ihn zu einem Haufen Knochen, die gebleicht auf der Erde lagen. Dann bat er einen der Jungen, Holz zu bringen, den zweiten bat er um Wasser, den dritten um Steine, und dem vierten befahl er, Weidenstöcke für die Schwitzhütte zurechtzuschneiden. Sie gehorchten, und der Steinjunge errichtete eine Schwitzhütte, machte Feuer, erhitzte die Steine und sammelte in dieser Hütte die Gebeine seiner zehn Onkel.

Als er das Wasser über die heißen Steine goß, hörte er ein schwaches Geräusch in dem magischen Bad, das sich zu murmelnden Stimmen und endlich in den Gesang von Medizinliedern veränderte. Steinjunge öffnete die Tür, und seine zehn Onkel kamen froh und munter heraus. Sie dankten ihm und segneten ihn, weil er ihnen das Leben gerettet hatte. Herzlos zerbrach Steinjunge nun die vier übriggebliebenen Eier, denn bei seinem jüngsten Onkel fehlte der kleine Finger. Er wußte, daß er so die vier überlebenden Jungen, die ihm geholfen hatten, umbrachte. Und das alles tat er nur, weil er von dem größten der vier Jungen den für den kleinen Finger fehlenden Knochen nehmen wollte.

Darauf kehrten sie auf die Erde zurück, und Steinjunge geleitete seine Onkel zu der Hütte seiner Mutter. Während der ganzen Zeit seiner Abwesenheit hatte sie nie geschlafen, sondern ständig das Kissen angestarrt, auf das der Junge sich zu betten pflegte und das ihr anzeigen sollte, ob er noch am Leben sei.

Er lief etwas vor den anderen, und als sie näher kamen, rannte er auf die Hütte zu und rief aus: ›Mutter, deine zehn Brüder kommen, bereite ein Fest!‹ Für eine Zeit lebten sie alle glücklich zusammen. Steinjunge beschäftigte sich damit, allein auf die Jagd zu gehen. Er war besonders darauf aus, die wilderen unter den Tieren zu erlegen. Er tötete sie mutwillig und brachte nur Ohren, Zähne und Klauen zu seinem Vergnügen mit heim, und damit spielte er, wenn er lachend von seinen Taten erzählte. Seine Mutter und seine Onkel warnten ihn und baten ihn, wenigstens jene Tiere zu verschonen, die den Dakota heilig sind, aber Steinjunge vertraute auf seine übernatürlichen Kräfte, die ihn beschützen würden.

Eines Abends aber war er auffällig still, und als man ihn nach dem Grund fragte, erwiderte er: ›Schon seit einigen Tagen ist mir zu Ohren gekommen, daß die Tiere eine Verschwörung gegen uns aushecken. Ich ging heute morgen gen Westen, als ich hörte, daß ein Ausrufer den bedingungslosen Kampf gegen Steinjunge und seine Leute verkündete. Der Ausrufer war ein Büffel und lief mit großer Geschwindigkeit von Westen nach Osten. Dann hörte ich eine Unterhaltung zwischen dem Biber und der Bisamratte, und beide versprachen, dafür zu sorgen, daß die Flüsse und Seen über ihre Ufer treten und eine verheerende Überschwemmung hervorrufen würden. Ich hörte auch, daß die kleine Schwalbe alle Vögel zu einer geheimen Beratung zusammenrief. Sie erzählte, man habe sie als Boten zu den Donnervögeln geschickt und daß auf ein bestimmtes Zeichen hin sich die Türen des Himmels auftun würden und so viel Regen fallen werde, daß Steinjunge darin werde ertrinken müssen. Der alte Dachs und der

Grizzlybär sind dazu ausersehen worden, unsere Befesti-
gungen zu unterminieren. Aber ich habe keine Angst. Sorgen mache ich mir nur um dich, Mutter, und um euch,
meine Verwandten!‹

›Ugh!‹ riefen die Onkel, ›haben wir dir nicht gesagt, daß es
noch schlimm ausgehen werde, wenn du weiter heilige
Tiere zu deinem Vergnügen tötest?‹

›Ach was‹, erwiderte Steinjunge, ›ich werde mir eine Wehr
bauen, und von euch erwarte ich, daß ihr mir dabei
helft.‹

Also gingen sie alle unter seiner Leitung an die Arbeit. Als
erstes warf er einen Stein in die Luft, und siehe da, eine
große Steinwand wuchs auf um ihre Hütte. Als zweites,
drittes, viertes und fünftes warf er abermals Steine, und
weitere Mauern entstanden. Als sechstes und siebentes
schuf er noch zwei steinerne Hütten. Die Onkel füllten
unterdessen Bogen und Köcher mit Steinen, die in Ab-
ständen voneinander auf die Mauerbrüstung hingestellt
wurden. Die Mutter aber richtete große Mengen von Essen her und nähte viele Mokassins für den Jungen, der erklärte, er wolle seine Festung allein verteidigen.

Endlich sah er die Armee der Tiere anrücken, jeder Stamm
bildete eine Gruppe, die von einem Anführer ungewöhn-
licher Größe kommandiert wurde. Es war ein furchterre-
gender Anblick. Sie rannten gegen die hohen Mauern an
mit wüstem Geschrei, während die Dachse und andere
Tiere, die unter der Erde wohnen, ständig damit beschäftigt waren, unterirdische Gänge zu graben. Steinjunge
zielte mit seinen todbringenden Pfeilen so gut, daß die
Feinde zu Tausenden dahinsanken. So groß waren ihre
Verluste, daß die Kadaver der toten Tiere sich zu einem
Wall türmten, höher als die äußerste der Mauern. Aber
schon war Verstärkung zur Stelle. Es goß in Bächen, die
Biber hatten für eine gewaltige Überschwemmung gesorgt. Die Belagerten zogen sich in die Hütte hinter der

innersten Mauer zurück, aber das Wasser drang dennoch ein durch die Furchen, die die Dachse und Erdhörnchen gegraben hatten, und es stieg und stieg, bis die Mutter des Steinjungen und seine Verwandten alle ertranken. Steinjunge selbst konnten sie nicht umbringen, jedenfalls nicht gänzlich, aber seine Feinde überrannten ihn und ließen ihn halb eingegraben in der Erde zurück, verdammt für immer, und so können wir ihn heute noch sehen.

Dies war, weil er seine Stärke mißbrauchte und aus bloßem Vergnügen das Leben jener Geschöpfe zerstörte, die uns nur gegeben sind, damit wir Nutzen von ihnen haben.«

Eine Frau folgt ihrem Geliebten in den Tod

▲▲▲▲▲▲▲▲

Da war ein Hügel, wo vor langer Zeit eine Gruppe von Kriegern so lange gegen einen Feind aushielt, bis alle gefallen waren. Keiner entkam, so heißt es. Und es war dort, daß der Stamm auf der Reise bei der Suche nach einem geeigneten Lagerplatz anhielt, als sich das, was ich jetzt erzähle, ereignete.

Am Fuß des Hügels stand schon ein Lager, und diese Gruppe kam dorthin und hielt an, als eine Frau ihren Schal über den Kopf zog und anfing zu singen:

> »Da war ein Mann, den ich liebte, ach!
> Kann es sein, daß ich ihn wiedersehe,
> meinen einzigen...«

Während sie das sang, stand sie auf der Kuppe des Hügels. Als der Stamm sie sah, fing sie an, hin und her zu tanzen, bis sie plötzlich über die Klippe hinabstürzte und zerschunden mit gebrochenen Knochen unten zwischen den Felsen lag. Sie war tot. Also nahm man ihre Leiche und trug sie zu ihrem Zelt.

Aber der Ehemann, der offensichtlich eifersüchtig war, weinte nicht eine Träne um sie, vielmehr sprach er: »Nein, bringt sie nicht hierher. Tragt sie dorthin zurück. Sie hat kundgetan, daß sie ihn liebte. Laßt sie mit ihm verfaulen!«

Also konnten sie mit der Leiche nicht ins Zelt hinein. Sie trugen sie zurück und legten sie dort ab, wo die Frau, als sie herabfiel, aufgeschlagen war. Dann gingen sie fort. So war sie also bei ihm, der, wie es schien, ihr Geliebter gewesen war. Ihre Knochen mischten sich untereinander, und zusammen wurden sie mit der Zeit Staub, gerade so, wie sie es sich in ihrem Lied gewünscht hatte.

Dann ging der Ausrufer umher und verkündete, daß das Lager nun weiterziehen werde. Es war die Entscheidung der Ältesten.

Sie sprachen: »Es hilft nichts. Hier können wir nicht bleiben. Wir müssen fort von diesem Ort, an dem eine so schlimme Tat geschehen ist.« Und obwohl sie gerade erst ihre Zelte aufgeschlagen hatten, packten sie sofort wieder und zogen noch an diesem Abend weiter.

Bitte um übermenschliche Hilfe

▲▲▲▲▲▲▲▲

Siyáká spricht: Alle Menschen wissen, daß, sofern menschliche Kraft versagt, man sich an eine höhere Macht wenden muß, damit einem seine Wünsche erfüllt werden. Es gibt viele Arten, diese höhere Macht um Hilfe zu bitten. Es hängt von der Person ab. Manche ziehen es vor, still zu sein, andere wollen alles in der Öffentlichkeit tun. Einige ziehen es vor, sich von der Menge zu entfernen und über viele Dinge nachzudenken. Will ein Mensch sichergehen, daß sein Wunsch auch erhört wird, so muß der Mensch sich dazu qualifizieren.

Mangelnde Vorbereitungen würden zur Folge haben, daß seine Bitte nicht erfüllt wird. Deshalb, wenn ein Mensch sich entschließt, Wakan'tanka um etwas zu bitten, trifft er die nötigen Vorbereitungen. Es gehört sich nicht, einfach so hinzugehen und Wakan'tanka um einen Gefallen zu bitten. Wenn ein Mann seine Augen schließt, sieht er sehr viel. Wenn er sich in sein eigenes Bewußtsein begibt, werden die Dinge ihm klarer, aber solange er Gegenstände vor Augen hat, wird er abgelenkt. Also entschließt er sich, die Abgeschiedenheit einer Hügelkuppe oder eines anderen hochgelegenen Ortes aufzusuchen. Niemand kann im Leben allein aus sich selbst heraus Erfolg haben, er kann auch nicht durch die Hilfe anderer das bekommen, was er sich wünscht, deshalb sucht er Hilfe bei einem Vogel oder Tier, das Wakan'tanka ihm zu Hilfe schickt.

Die kürzeste Geschichte,
die je erzählt worden ist

▲▲▲▲▲▲▲▲

Großmutter Left Hand Bull erzählte die Geschichte vom Frosch und der Schildkröte. »Und ich wette mit euch«, sagte sie, »das ist die kürzeste Geschichte, die ihr je gehört habt.«

Keha, die Schildkröte, und Gnaske, der Frosch, waren alte Freunde. Eines Tages saßen der Frosch und die Schildkröte auf einem Stein am See und schwatzten. Plötzlich brach ein Gewitter über das Lager herein. Die ersten Regentropfen fielen schon. Die Schildkröte sah ängstlich zum Himmel und sagte: »Ich möchte nicht naß werden. Ich hole mir dann immer den Schnupfen.«

»Du hast ganz recht«, sagte der Frosch, »es tut nicht gut, naß zu werden. Wir wollen uns beeilen.« Und kaum hatte er das gesagt, da sprangen beide ins Wasser. Dort!

Die Eule und der junge Krieger

▲▲▲▲▲▲▲▲

Die Eule ist ein Kundschafter. Die Eule ist klug. Wenn eine Eule dich warnt, dann höre auf sie. Hinhan Win, die Eulenfrau, sitzt in der Mitte der großen Straße, die wir Tacanka und die Weißen »die Milchstraße« nennen. Die Seele eines Toten muß über die Milchstraße ziehen, wenn sie die glücklichen Jagdgründe erreichen will. Selbst heute noch haben die meisten Indianer kleine Tätowierungszeichen auf ihren Händen und Handgelenken und seien es nur ein paar blaue Punkte. Wenn eine Seele oder wenn Geister vorbeiwollen, schaut die Eulenfrau nach, ob diese Zeichen bei ihnen vorhanden sind. Wo nicht, stößt sie ihre Seelen von der Milchstraße herunter. Diese Tätowierungen sind die Pässe der Indianer zur Geisterwelt.

Nun, ein junger Krieger befand sich einmal auf einem Spähtrupp zum Dorf der Feinde. Er war schon den dritten Tag unterwegs. Er hatte ein kleines Zelt aufgeschlagen, etwa schulterhoch. Darin hatte er eine Schale Wasser, ein ganz kleines Feuer und seine Waffen. Er hatte ein Wildhuhn verzehrt, das er mit seinen Pfeilen erlegt hatte, und nun wartete er darauf, daß der Mond aufgehen werde. Dann wollte er weiter. Unterdessen fertigte er sich ein paar neue Pfeile, denn dies war Feindesland, und es mochte ja sein, daß er sie plötzlich brauchen würde.

Während er einen Pfeilschaft begradigte, hörte er plötzlich den Ruf von Hinhan Win, der Eule: »Wuh, wuh, wuh!«

Es kam so überraschend, daß er aufschreckte und die Pfeilspitze in die Schale Wasser vor sich fallen ließ. Er beugte sich vornüber, um sie wieder herauszuholen. Da sah er, widergespiegelt im Wasser, das Gesicht eines Feindes, der durch das Rauchloch oben auf ihn herabschaute. Er tat so, als habe er den Feind nicht bemerkt. Aber dann wandte er sich sehr rasch um, griff nach seinem Bogen und schoß einen Pfeil gegen das Gesicht hin ab.

So hatte der junge Krieger seinen ersten Feind getötet, »seinen ersten Schlag gelandet«. Er hatte seine erste Adlerfeder verdient. Und o ja, auch auf seinem Spähtrupp war er erfolgreich. Er brachte seinen Leuten rechtzeitig alle Nachrichten, die sie brauchten. Die Eule hatte ihm das Leben gerettet. Wenn Hinhan Win ruft, tut man immer gut daran, dem Beachtung zu schenken.

Wakan Olowan – Heiliges Lied

▲▲▲▲▲▲▲▲

An den Ufern eines dichtbewaldeten Baches lagerte der Stamm. Da kam zu ihnen ein Heiliger Mann, der sprach: »Gebt mir eure Armbänder und Ringe, und als Gegengabe werde ich so viel für euch tun, daß keine Krankheit euch mehr heimsucht, solange ich lebe.« Sie gaben ihm Armreifen und Ringe, von Büffelhaut und von Silber, und dann hieß sie der Heilige Mann eine Schwitzhütte bauen, solch eine, die die Leute »Neues Leben« nennen, weil der Mann, der herauskommt, sich wie neugeboren fühlt. Als er sich nun in der Einsamkeit gereinigt hatte, trieb er eine Stange in den Boden und band daran eine rotbemalte Büffelhaut. Dann lief der Ausrufer durch das ganze Lager und forderte alle Kranken auf, nahe an die Stange heranzukommen, und als sie sich versammelt hatten, schnitten sie Streifen aus der Haut ihrer Arme als Opfer und legten sie vor der Stange nieder. Dann kam der Heilige Mann hervor und stellte eine hölzerne Tasse an den Fuß der Stange. Dabei begann er dieses Lied zu singen:

> Oh, du Volk, sei du geheilt;
> Neues Leben bringe ich dir.
> Oh, du Volk, sei du geheilt;
> Neues Leben bringe ich dir.
> Durch den Vater, der über allem steht,
> tue ich dies.
> Neues Leben bringe ich dir.

Während er sang, tröpfelte Wasser von der Stange herab und füllte die Tasse. Er gab die Tasse den Kranken. Sie alle tranken das Wasser und waren gesund, dennoch wurde die Tasse niemals leer. Nachdem sie alle getrunken hatten, schickte er sie zu ihren Zelten und hieß sie für den Rest des Abends ausruhen. Nachdem die Sonne untergegangen war, versammelten sie sich wieder an der Stange. Der Heilige Mann säuberte den Raum am Boden, sang wieder und malte mit seinen Fingern in den Staub. Niemand kannte die Bedeutung dessen, was er da zeichnete, bis der Heilige Mann seine Hand über den Zeichen fortnahm, auf den Boden blickte und sprach: »Geist der Väter, laß mich wissen, daß du morgen Büffel sehen wirst in Hülle und Fülle, und jeder deiner Männer wird drei töten.« Er sagte auch: »Ihr werdet die Beine und die Zungen der Tiere abschneiden und die Herzen der Tiere herausholen, die ihr getötet habt, und sie als Opfer an das Große Geheimnis zurücklegen, und mir werdet ihr vierzig Häute bringen.«

All dies geschah, wie er gesagt hatte, und er nahm die Häute und fertigte daraus vierzig Heilige Hemden für das Volk. Und dann hieß er sie, ihm Ton, Stroh und Holzkohle zu bringen, und daraus machte er Schießpulver, Patronen und Ladepfropfen und gab sie den Männern.

Als er so für die Menschen gesorgt hatte, rief er sie zusammen und ließ sie sich in einer Reihe aufstellen, und dann stellte er sich an das Ende der Reihe, in der Hand eine hölzerne Pfeife, und er zündete sie an den Strahlen der Sonne an. Er ließ sie von Hand zu Hand gehen, und jeder nahm ein paar Züge, die den Atem des Lebens symbolisierten.

Dann sagte der Heilige Mann: »Dieses Volk ist gut. Ich habe seine Krankheit geheilt. Ich habe sein Leben erneuert. Jetzt kehre ich wieder an meinen Ort zurück.«

Und die Leute sahen ihn danach nie mehr.

Sungmanitu Olowan – Wolfslied

▲▲▲▲▲▲▲▲

Kein anderer durfte dieses Lied singen, außer dem Blauen Pferd (eigentlich Graues Pferd, denn die Dakota nennen blau, was die Weißen grau nennen). Die Wölfe hatten es ihn gelehrt. So lange wie die Wölfe leben, so lange wird auch Taśunke-Hinto leben, und wenn sie sterben, wird auch er sterben.

Und sie lehrte er dieses Lied: Als er ein junger Mann von 27 Wintern war, ging er auf den Kriegspfad mit zwölf anderen Kriegern. Gerade beim Morgengrauen fingen die Wölfe an zu singen, und einer von ihnen fiel in den Gesang ein. Taśunke-Hinto hörte dem Wolfsgesang zu und eignete ihn sich an. Er sang ihn dann seinen Kameraden vor – und sieh da, am selben Tag trafen sie eine Gruppe von Kriegern der Pawnee und töteten sie, jeden Mann. (Der Wolf gilt auch als Symbol des Krieges. Die Pawnee waren als Wölfe bekannt, die galten als die Erzfeinde der Dakota.)

Taśunke-Hinto ist jetzt sehr alt, aber er singt immer noch das Lied der Wölfe. Ehe er singt, wendet er sich nach Westen, streckt die Hand aus und ruft laut: »O Westwind, und ihr, meine alten Kameraden, wenn ihr dort seid, hört, hört meinem Lied zu!«

Er begründet das so: »Der Osten ist das Land des Weißen Mannes, aber der Westen gehört uns, mir, den Wölfen und meinen alten Freunden, die schon lange tot sind. Vielleicht werde ich bald bei ihnen sein.«

Olowan – Lied

▲▲▲▲▲▲▲▲

Dieses Lied erzählt, wie ein alter Krieger die jungen Männer ausziehen sieht in den Krieg und wie er an seinen eigenen, vergangenen Ruhm denkt. Es wird ihm bewußt, daß er nun nur noch ein alter Mann mit Zahnweh ist. Wenn die Leute sich zu einem Tanz oder einem Fest versammeln, kann dieses Lied zu Ehren eines alten Kriegers gesungen werden, der dann die Sänger mit Kleidern oder Pferden beschenken sollte:

Mächtig, mächtig, groß im Kampf.
So ward ich geehrt.
Seht, wie alt und hinfällig ich jetzt bin.

Die Geschichte des Geistertanzes

▲▲▲▲▲▲▲▲

Um zu verstehen, was es mit der sogenannten Geistertanz-Bewegung unter den Indianern auf sich hatte, muß
der weiße Leser zunächst die Ursachen kennen, die diese
Bewegung hervorriefen.

Es ist schwer, sich eine Vorstellung von der Not der Indianer während der ersten schweren Krise der Anpassung an
ihr neues Leben zu machen. Innerhalb einer Generation
spielten sich bei den Stämmen der Großen Ebenen Veränderungen ab, wie sie in der Welt der Weißen sich in Jahr-
hunderten vollzogen: die Veränderung vom primitiven
zum zivilisierten Menschen. Auch begriff wohl der Weiße
Mann beim Hinschlachten der Büffel kaum, was die Aus-
rottung dieses Tieres für die Völker der Prärie bedeutete,
daß sie um ihre Lebensgrundlage gebracht wurden. Nahrung, Kleidung, ja selbst die Wohnung hing ab vom Büffel,
da die Zelte der Präriestämme aus tragbaren Gestängen
und Bahnen aus Büffelleder bestanden.

Mit dem Einbruch des Weißen Mannes in die Ebenen, mit
dem Bau der Eisenbahn, sah der Indianer seinen Untergang zwangsläufig kommen. Alle Anstrengungen der Indianer, sich gegen den Strom von Siedlern anzustemmen,
der sich über ihr Territorium ergoß, waren letztlich aus-
sichtslos. Die Eisenbahn brachte noch mehr Weiße, der
Büffel verschwand und mit ihm der alte traditionelle Le-
bensstil der Indianer, die einzige Art zu leben, die ihnen
vertraut war.

Die Veränderung war rasch und grausam. »Die Erde ist
unsere Mutter«, hatten die Indianer erklärt. Aber längst

nicht mehr war der Indianer das freie Kind der Prärie. Er war eingepfercht in Reservationen, lebte von Almosen oder wurde in Gegenden mit einem mörderischen Klima verschleppt. Bedroht von Seuchen, verstört von den Veränderungen, gebrochen an Geist und Seele, bieten die Indianer der Ebenen dem nüchtern urteilenden Beobachter ein tragisches Bild. Ihr Schicksal schien endgültig besiegelt.

Etwa um das Jahr 1888, etwa um die Zeit, da für die Präriestämme die völlige Unterwerfung scheinbar eine unabänderliche Tatsache geworden war, erhob sich im westlichen Nevada ein indianischer Prophet. Er war ein einfacher Paiute, seine Lehre war einfach. Er verkündete, er sei bei Gott gewesen, von Gott stamme seine Weisheit, von Gott die Botschaft, die er bringe. Zunächst einmal solle alles Kämpfen aufhören, alle Menschen sollten einander lieben. Eine große Veränderung werde über die Erde kommen, der Tag werde anbrechen, an dem es keine Krankheit und kein Elend mehr gebe. Die Toten würden aus der Geisterwelt zurückkehren, und alle Indianer sollten sich auf einer verjüngten Erde eines glücklichen Lebens erfreuen. Die Indianer waren aufgerufen, sich dieser Veränderung würdig zu erweisen.

»Tu niemandem etwas zuleide, tue immer Gutes«, lehrte der Prophet. Als heilige Handlung war der Tanz zu verstehen, den der Prophet seinen Anhängern lehrte. Er lehrte auch, die Indianer sollten ehrlich und fleißig sein, ruhig ihre Arbeit tun und in Frieden mit den Weißen leben. Gott allein werde die Veränderung herbeiführen, und Erdbeben würden sie anzeigen. Bald werde es geschehen, vielleicht schon im nächsten Frühjahr.

Das Wort sprang von Stamm zu Stamm: »Den Indianern ist ein Retter erstanden!« Abordnungen der verschiedenen Stämme wurden zu dem Propheten ausgeschickt und kamen überzeugt zurück. Dann folgte eine sich unbewußt abspielende Entstellung der Botschaft. Einige Indianer, beeinflußt von der Lehre weißer Missionare, riefen: »Jesus ist auf Erden. Er ist schon einmal dagewesen, vor langer Zeit, jenseits des Großen Wassers, die Weißen haben ihn getötet. Jetzt ist er zu den Indianern gekommen. Sie werden ihm nie ein Leid antun.« Die Indianer der Ebenen glaubten, ihre Nationen würden durch die Geister der Toten verstärkt werden, die alten Zeiten würden wiederkommen, es werde wieder Büffel geben, die Weißen würden zurückgeworfen werden ins Meer, oder die Erde werde sich auftun und sie verschlingen.

Im Land ihrer Väter würden die Indianer wieder mächtig und frei sein. Menschen mit mehr Einsicht und in weniger verzweifelter Lage als diese Indianer sind von religiösen Erweckungsbewegungen ergriffen worden.

Aus der neuen Religion entwickelte sich eine Antwort auf die Hoffnungen der Indianer. Einige Stämme legten alle Feuerwaffen, überhaupt jedes Gerät aus Eisen fort, um wieder so zu werden wie vor der Ankunft des Weißen Mannes. Viele wurden von dem neuen Glauben durch die Verheißung angezogen, daß jene, die den heiligen Tanz mittanzten, in Trance fielen, in die Geisterwelt eingingen und dort ihre toten Angehörigen angeblich wiedersahen. Jeder, der etwas über das Bewußtsein der Prärieindianer weiß, begreift, daß solche Vorstellungen ihnen aus ihrer Tradition vertraut waren.

Die Tänzer bewegten sich im Kreis, klatschten in die Hände. In schleppendem Schritt bewegten sie sich zu den Liedern des Geistertanzes. Unendlich lange ging man im Kreis, bis plötzlich einer der Tänzer stolperte und in Trance fiel. Nach seinem Erwachen beschrieb der »Träumer« seine Vision von der Geisterwelt. Dann drückte er seine individuelle Erfahrung in einem spontan entstehenden Lied aus, das später auch bei Tänzen gesungen wurde. Die leidenschaftliche Anhänglichkeit der Indianer an Kinder und Freunde gab dieser Religion und der Kommunion mit der Geisterwelt eine zusätzliche Intensität. Der neue Glaube breitete sich wie ein Präriefeuer aus. Es war, als habe ein Atem der Hoffnung in die schon erloschene Glut geblasen. Die Flamme erhellte für kurze Zeit die Nacht der Indianer, dann sank sie mit einer schaurigen Tragödie zusammen, mit dem Massaker von Wounded Knee in South Dakota.

Die Nachrichten von den Treffen und Tänzen der Indianer löste unter den Weißen Aufregung aus. Jene, die die Indianer kannten, rieten umsonst: »Dies ist eine religiöse Bewegung, wenn man sie nicht bekämpft, wird sie vorbeigehen.«

Auf die Aufforderung, die Tänze einzustellen, erwiderten die Indianer: »Wir tun doch nichts Böses. Der Vater hat uns aufgerufen zu tanzen. Wenn es nötig sein sollte, werden wir unseren Glauben mit unserem Leben verteidigen.«

Der Agent, dem die Dakota-Indianer in Pine Ridge unterstanden, war nicht in der Lage, die Ausbreitung des Tanzes unter den Indianern zu verhindern. Besorgt forderte er Truppen an. Beim Anblick der Soldaten griffen die Dakota ihrerseits zu ihren Waffen. »Wir sind bereit zu sterben, aber unseren Glauben geben wir nicht auf«, riefen sie. Gebrochene Verträge, ungenügende Verpflegung, das Wüten von Seuchen hatten sie an den Rand der Verzweiflung gebracht. Ein Versuch, sie zu entwaffnen und friedlich in die Agentur zurückzubringen, wurde von den Indianern, die schon ein Massaker fürchteten, mißverstanden. Ein Indianer feuerte ein Gewehr ab. Auf den Schuß antworteten die Soldaten mit einer Salve. Maschinengewehre mähten aus sehr nahem Abstand das gesamte Lager nieder. Die Geschosse rissen die Indianer in Stücke. An die dreihundert Dakota, Männer, Frauen und Kinder, kamen ums Leben bei dem, was heute das Massaker von Wounded Knee genannt wird. Katholische Missionare nahmen die wenigen Verwundeten auf, die überlebten. Während der ganzen Unruhen reagierten die Indianer auf die Loyalität der Missionare ihnen gegenüber mit gleicher Loyalität. Die Leichen wurden von den Weißen in rasch ausgehobene Massengräber geworfen. Um das Massengrab haben später Indianer Pfosten in roten Farben aufgestellt. Rot war die Symbolfarbe des Geistertanzes. Es gibt wahrscheinlich im ganzen Land keine eindrucksvollere Begräbnisstätte. Stumm zeugt sie für den Kampf dieser verzweifelten Menschen.

So ging unter den Dakota-Indianern die sogenannte Geistertanz-Bewegung zu Ende. Bei einigen anderen Stämmen wurde das Tanzen beibehalten, aber es behielt nicht seine alte Bedeutung. Die Religion, die der Tanz verkörpert, hat eine Veränderung erfahren, die Hoffnung, die sich erhielt, ist nun (1907) spiritueller Art. Die alten Tage kommen nicht wieder, aber die moralische Wirkung der Lehre dauert an. Seit der Botschaft des Paiute hat jeder Gedanke an Kampf aufgehört.

Möge ein anderer Prophet eine Zukunft der glücklich gelungenen Anpassung an das neue Leben vorhersagen. Denn mit den hingeschlachteten Indianern in dem Massengrab von Wounded Knee liegt auch die Hoffnung des Volkes der Großen Ebenen auf das Glück der vergangenen Tage begraben.

Die Geistertanz-Erzählung des Short Bull

▲▲▲▲▲▲▲▲

Vorbemerkung: Der weiße Leser sollte daran denken, daß dies die Erzählung eines Sehers ist. Wie häufig bei Indianern ist die Sprache figurativ. In der deutschen Fassung ist versucht worden, die Würde und Einfachheit der indianischen Version wenigstens annähernd einzufangen. Was über den Besuch im Geisterlager erzählt wird, war vermutlich eine Vision oder Vorgänge, die im Trancezustand erlebt wurden. Für einen Indianer unterscheidet sich eine Vision nicht von dem, was er im Wachzustand wahrnimmt. Der Besuch in dem anderen Lager war ein Ereignis in der Wirklichkeit. Die Paiute-Indianer tragen Decken oder Umhänge aus Kaninchenfell. Der Mann, der als Jener-mit-dem-Kaninchenfell bezeichnet wird, ist der Prophet, sonst unter den Indianern eher als der Vater bekannt. Das Land, wo die Sonne untergeht, ist Nevada, die Heimat des Propheten. Rosebud ist eine Indianer-Reservation in South Dakota.

Wer hätte gedacht, daß ein bißchen Tanzen soviel Ärger machen wird? Wir wollten keine Unruhen, noch haben wir sie ausgelöst. Es hat Ärger gegeben, aber es war nicht meine Schuld. Wir hatten nicht daran gedacht zu kämpfen; wenn wir das vorgehabt hätten, wären wir doch wohl bewaffnet gewesen? Wir gingen unbewaffnet zu diesem Tanz. Wie hätten wir Waffen überhaupt halten sollen? Wir tanzten nämlich im Kreis und hielten uns an den Händen, die Finger eines jeden Mannes verschränkt in die seines Nachbarn.

Wer hätte gedacht, daß sich aus dem Tanz so Schlimmes ergeben würde. Die Botschaft, die ich brachte, war *Frieden*. Und diese Botschaft hatte der Vater an alle Stämme gesandt.

Und so geschah es: Ich reiste in das Land, wo die Sonne untergeht, und ich ging in das Geisterland. Dort sah ich das Geisterlager. Ich kam näher und stand vor dem Geisterzelt. Ein Geisterwesen trat heraus und stand neben mir.

Es redete zu mir und sprach: »Paß auf, ich gebe dir etwas Heiliges!« Dann sagte es auch noch: »Woher kommst du?«

Ich antwortete: »Ich komme von Rosebud.«

Dann sagte das Geisterwesen: »Komm, gehen wir zusammen in einer Wolke, aufwärts, zum Vater.«

Also stiegen wir in einer Wolke auf, dorthin, wo die anderen Lager waren und wo ich jene traf, die die Decke aus Kaninchenfellen tragen. Als wir durch das Lager schritten, kamen ein Mann und eine Frau auf uns zu.

Da sprach dieser eine mit dem Umhang aus Kaninchenfell: »Ich möchte mit dir reden. Paß auf, ich will dir etwas verkünden, das du dem Volk sagen sollst! Bring den Tanz zu all den verschiedenen Stämmen. Die Weißen und die Indianer sollen zusammen tanzen. Aber zuvor sollen sie singen. Es soll keine Kämpfe mehr geben. Die Menschen sollen einander nicht mehr töten. Wenn jemand getötet wird, ist das eine traurige Sache. Keiner soll lügen. Liebt einander. Helft einander. Streitet euch nicht. Hör mich an, denn ich werde dir Wasser zu trinken geben. Jetzt weißt du, weshalb ich dich habe rufen lassen. Verstehst du die Bedeutung?«

So sprach Jener-mit-dem-Kaninchenfell, und er gab mir von der heiligen roten Farbe. In dem Geisterlager bin ich jenen begegnet, die gestorben waren. Als ich nun wieder heimreiste, kamen wieder zwei Geistergefährten. Nur ich sah sie, für jeden anderen waren sie unsichtbar. Sie waren immer bei mir. Ich hörte ihren Ratschlag.

Allein in meinem Zelt, träumte ich, hatte Visionen und redete mit den Geisterwesen. Dann ging ich hin und lehrte das Volk und sagte ihnen das Wort des Vaters und daß Hilfe kommen würde für die Indianer. Es gab andere, die auch lehrten wie ich. Der Vater hatte alle Welt aufgerufen zu tanzen, und wir verkündeten den Tanz dem Volk, wie uns geboten worden war. Wenn sie tanzten, sanken sie tot nieder und gingen in das Geisterlager und sahen dort jene, die gestorben waren, jene, die sie geliebt hatten – ihre Väter, ihre Mütter und ihre kleinen Kinder. Dann kamen die Unruhen. Doch bei unserem Tanz taten wir keinem etwas zuleide, wir wollten niemandem Böses. So wie der Vater es uns geheißen.

Es ist wahr, alle Menschen sollten einander lieben. Es ist wahr: Alle sollten brüderlich miteinander leben. Leben wir etwa nicht so? Sollten sie nicht genauso leben wie wir? Ist es nicht recht, daß ein Freund all seine Freundschaft geben sollte? Wir sind froh, mit den Weißen als Brüder zu leben. Aber wir erwarten, daß Brüderlichkeit und Liebe nicht von den Indianern allein ausgeht.

In dieser Welt hat der Große Vater dem weißen Manne alles und den Indianern nichts gegeben. Aber so wird es nicht immer sein. In der anderen Welt wird es den Indianern so ergehen wie den Weißen und den Weißen wie den Indianern. Den Indianern wird Weisheit und Macht gegeben werden, und der weiße Mann wird hilflos und unwissend sein und nur Pfeil und Bogen besitzen. Denn diese Welt hier wird vom Feuer verzehrt werden und vergehen. Dann, in jenem anderen Leben, wird dem Indianer gegeben werden.

Die Winteraufzählungen

△△△△△△△△

Ein Sprichwort der Teton-Sioux lautet: »Ein Volk ohne Geschichte ist wie Wind über Büffelgras.« Die Worte der Winteraufzählung in Oglala sind eigentlich Erinnerungs-stützen, von denen her der mündliche Erzähler die Ereignisse weiter ausspinnen kann. Als Dichtung wie als ein Stück Geschichtsschreibung vermittelt dieser mündlich tradierte Text eine bemerkenswerte Einsicht in das Leben dieses indianischen Volkes.

1759 Wic'a'b. lecaha Wani yetu
Sie sind auseinandergebrochen / Jahre der Zerstreuung des Stammes.

1760 Hok'u'wa Wic'a'ktepi
Fischer / sie wurden getötet (während sie dabei waren zu fischen, wurden sie getötet).
Zwei Sioux fischten an einem Bach, und der Feind tötete sie.

1760 Wab.li'k'uwa Wic'a 'ktepi
Adlerfänger: sie wurden getötet.
Zwei Schoschonen, die Adler fingen, wurden von den Sioux überrascht und getötet.

1762 Pte A'nuwapi
Büffel / sie schwimmen hinaus wegen ihnen.
Jäger trieben Büffel in den Missouri, töteten sie dort und zogen sie an Land.

1763 T'uki' mi'layapi
Muschelschalen / sie benutzten sie als Messer.
Die Indianer hatten keine Messer, deswegen brachten sie
Muschelschalen vom Missouri und Platte River mit und
benutzten sie als Messer.

1764 T'azu' skala kte'pi
»Kleine Ameise« / sie töteten ihn.
Ein Sioux, der »Kleine Ameise« hieß, wurde getötet.

1765 Wazi'k'ute ahi'ktepi
»Der auf die Kiefer schießt« / sie kamen und töteten ihn.
Die Sioux griffen die Crow an, und ein Sioux namens »Der
auf die Kiefer schießt« wird getötet.

1766 Wale'gala kte'pi
»Pouch« / er wurde getötet.
Ein Sioux namens »Pouch« wurde getötet.

1767 Anuk' op iya'yapi
Beide Seiten / gemeinsam / gehen sie fort.
Die Crow Indianer leben im Frieden mit den Sioux, und
beide Stämme leben zusammen, auch mit den Pawnee
herrscht Friede. Als die Crow und die Pawnee gegeneinan-
der kämpfen, stellen sie fest, daß es Sioux in beiden Lagern
gibt, und so machen sie Frieden.

1768 Iye'ska kic'i'zapi
Weiße und klare Sprecher (jemand, dessen Sprache ver-
ständlich ist, also Leute aus demselben Stamm) / sie kämpfen gegeneinander.
Erster Bürgerkrieg unter den Sioux: Die Standing Rock
Indianer und die Cheyenne kämpfen gegen die Oglala
und Rosebud.

1769 Ite'hakit'ula kte'pi
Er trägt eine Maske / sie töten ihn.
Ein Sioux »Der-eine-Maske-trägt« wird getötet. Die

Maske ist aus Rehleder gefertigt, das man über einem Reifen aus Weidenzweigen spannt. In das Leder sind Augenschlitze eingeschnitten.

1770 Wak'a't'aka iha x b.la wiya wa g. naski'ya
Gott / eine Vision im Traum oder im Schlaf / Frau / eine / sie wird verrückt.
Eine Frau geht häufig in die Einsamkeit, sie hat dort Visionen, wenn sie zurückkommt, sagt sie dem Volk, wo es Büffel gibt und wann Feinde kommen. Eines Morgens kann sie nicht mehr sprechen und stirbt bald darauf.

1771 Miwa'tani ogu'wic'ayapi
Mandanen / sie werden ausgeräuchert.
Feindliche Indianer graben einen Schützengraben am Fluß. Die Sioux sind nicht in der Lage, sie zu vertreiben. So zünden sie um den Graben Feuer an. Der Feind entkommt im Schutze der Nacht.

1772 Cak'i ya'm.ni ahi' wic-'aktepi
Träger mit Holz auf dem Rücken / drei / sie stoßen auf sie und töten sie.
Die Sioux schlagen ein neues Lager auf, und die Crows verstecken sich im Unterholz und töten drei alte Frauen, die ausgeschickt wurden und mit Holz auf dem Rücken zurückkehren.

1773 Su'ka k'o ista' niya'pi
Hund / sogar / Augen / sie sind entzündet.
Sogar die Hunde wurden in diesem Winter schneeblind. Es gab starke Schneefälle, das Lager mußte ständig wegen Angriffen des Feindes verlegt werden.

1774 Heyo'k'akaga wa kte'pi
Clown / einer / er ist getötet worden.
Die Sioux lagerten sich in einem Kreis, und die Clowns legten ihre Masken ab. Sie kommen in den Kreis und gehen

dann hinunter zum Bach und zurück und beten um Regen.
Als sie zurückkommen, wird einer von den Feinden, die
sich versteckt haben, überfallen und getötet.

(...)
1782 Nawi'c'asli
Sie brechen ganz plötzlich aus.
Erste Masernepidemie.

1791 Wo'wapi mak'okawih ahi'yayapi
Fahne / rund um die Erde / sie tragen sie dahin.
Die erste amerikanische Fahne wird zu allen indianischen
Stämmen im Staat getragen.

1792 Wiya wa ska waya'kapi
Frau / eine / Weiße / sie sehen.
Einmal gingen drei Indianer auf Büffeljagd und kamen,
das Fleisch auf den Sattel gebunden, zurück. Sie sahen bei
Sonnenuntergang zu den Hügeln hinauf und beobachte-
ten eine Frau in Weiß, die gegen die Sonne hinsah. Sie liefen
ins Lager zurück, und vor Tagesanbruch zogen zwölf
junge Männer aus, auch sie sahen die Frau in Weiß bei Son-
nenaufgang gegen die Sonne hin schauen. Sie hielten sie für
einen Geist, der sie vor der Ankunft eines Feindes warnte.
Daraufhin wurde das Lager verlegt.
(...)

1850 Wic'a'haha
Sie haben Schrunden.
Die erste Pockenepidemie.

1851 Wakpa'm. nipi t-a xka
Sie teilen Dinge aus / groß.
Zum ersten Mal werden von den Weißen Rationen an die
Indianer verteilt.

1852 Wani'yetu wasma x
Winter / tiefer Schnee.

1853 Mat'o' wa wisa manu'hi
Bär / ein / Scham / er stahl.

Ein Mann erschoß einen Bären in seinem Zelt. Er erwachte
plötzlich aus dem Schlaf und schaute zu den Pferden hin-
über. Sie schnaubten. Er sah etwas Schwarzes und schaute
zu den Pferden hinüber. Sie schnaubten. Er sah etwas
Schwarzes unmittelbar unter dem Zelt. Er nahm sein Ge-
wehr und sagte: »Was tust du hier?« Keine Antwort. Der
Bär sagte: »Whi-hu-u-u.« Er hatte zwei Stangen herausge-
zogen und war ins Zelt gekommen.

Wisa Manu: Die Berührung einer Frau erschleichen. Es
wird berichtet, daß in den alten Tagen ein Mann eine Frau
beanspruchen konnte, wenn er sie überwältigte und ihre
Geschlechtsteile berührte. Das gleiche galt, wenn er sie
nackt sah, vielleicht beim Schwimmen. Sie hatte damit ihre
Jungfräulichkeit verloren. Frauen waren außerordentlich
vorsichtig, aber wenn dergleichen geschah, konnte ein
Mann seine Rechte geltend machen. Frauen mußten auch
sehr vorsichtig bei Gesprächen mit Männern sein, denn
wenn sie mit »ja« antworteten auf eine einfache Frage,
konnte der Mann sagen: »Du hast meinen Bitten nachgege-
ben. Wenn ich auch mit den Lippen nur eine einfache
Frage stellte, so hatte ich doch eine andere im Sinn, und du
hast zugestimmt.« Junge Frauen pflegten, ehe sie sich
schlafen legten, von ihren Großmüttern, Müttern oder
Tanten von den Hüften abwärts eingebunden zu werden.
Sie legten sich stets in die Nähe der Feuerstelle und mieden
den Rand des Zeltes, denn es hätte sonst geschehen können,
daß ein Mann mit schlechtem Charakter die Zeltstöcke
von außen löste, ins Zelt kroch und versuchte, das Mäd-
chen zu berühren, während sie schlief. In diesem Fall hätte
sie ihn heiraten müssen. Ein solches Verhalten galt aller-
dings als unehrenvoll, und es wurden spitze Bemerkungen
darüber gemacht, weil der Betreffende nicht genügend
Charme hatte, das Mädchen ohne solch faule Tricks für

sich zu gewinnen. Der Bär in der Erzählung, so wird spöt-
tisch behauptet, habe aus ähnlichen Gründen versucht, in
das Zelt einzudringen.

1858 T'asi'na Gi P'sa'loka kte'pi
»Seine Decke« / Braue / Krähen / sie töten ihn.
Große Krähe wird von den Crow getötet.

1861 Hoksic'ala ohpa'sotapi
Kinder / von einem Husten wurden sie ausgelöscht.
Eine Epidemie von Keuchhusten unter den Babys. Viele
starben.
(...)

1866 Wasi'cu opa'wige wic'a'ktepi
Weiße / hundert / sie sind getötet worden.
Die Sioux töten hundert Weiße.

1874 Eha'ke k'owa'kata ai'
Zum letzten Mal / überqueren den Fluß / sie gehen.
Die Sioux überqueren zum letzten Mal den Missouri.

1876 Mahpi'ya Lu'tasukk'i'pi
Wolke / Rote / sie nehmen ihm seine Pferde fort.
Die weißen Soldaten nehmen dem Oglala-Häuptling seine
Pferde weg (Custer-Massaker).

1877 T'asu'ke Witko X kte'pi
»Sein Pferd / verrückt« / sie töten.
Der Oglala-Häuptling, Crazy Horse, hat die Siedler in
den Black Hills, die mit Ochsengespannen vorbeikamen,
beschimpft und wird in diesem Jahr getötet.

1878 Sahi'yela Wak'a kte'pi
Cheyenne / Heilig / sie töten ihn.
Cheyenne Holy Man wird in diesem Jahr getötet. Er war
ein Medizinmann der Sioux und hatte bei einer Zusam-
menkunft auf der Agentur behauptet, er sei unverletzbar.

Also schossen sie auf ihn und töteten ihn. Es ist das Jahr, in dem die Pine Ridge-Agentur eröffnet wird. Sahi'yela ist wahrscheinlich ein Eigenname.

1879 Sakma'nitu G.leska'kte'pi
»Wolf / Gefleckt« / er ist getötet.
Spotted Wolf von einem Sioux getötet.

1881 Site'g. leska kte'pi
Spotted Tail / sie töten.
Spotted Tail (Häuptling) am Rosebud getötet.

1888 Wo'p'ahta yuble' capi
»Bündel« / sie werden geöffnet und ausgestellt.
Polizeibericht unterbindet Umgang mit Medizinbündeln.

1889 O'g.le Sa t'ak si'tku wa ic'i' 'kte
»Hemd / Rot« / seine jüngere Schwester: ein: sie erhängte sich.
Red Shirts Schwester hat sich erhängt.

1890 Si T'a'kte'pi
»Big / Foot« / sie töten.
Häuptling Big Foot kommt zum Geistertanz der Oglala. Die Behörden verbieten den Tanz. Bei Brennan greifen Soldaten die Geistertänzer an. Sie töten den Häuptling und viele andere.

1892 Ca Num Yuha' pteyu'ha wic'a'kte
»Stöcke / zwei« / er hat / Rinderbesitzer / er tötete sie.
Einige Cowboys behelligen am White River das Vieh. Two Sticks und seine Söhne reiten hin und töten die Cowboys.

1893 Owa'yawar'aka ile'
Große Schule / sie brennt.
Die erste Internatsschule in der Pine Ridge Agency brennt nieder.

1894 Ca Num Yuha p'a'nak'seyapi
»Stöcke / zwei« / er ist / geköpft worden.
Sie hängen Two Sticks wegen des Mordes an den Cowboys.

1898 Og.la'la t'oka' c'u'kaske ka'gapi
Oglalas: erstes Mal / Zaun / sie machen.
Ein Zaun wird um die Oglala-Reservation gezogen.

1912 Wo' wapi Wakal' a'yapi
Fahne / aufwärts / sie hissen sie.
*Flaggenhissung in der Agentur. Die Indianer und die
weißen Männer hielten die Schnüre. Mein Vater die
eine Schnur, ein anderer alter Indianer die andere. Einer
sagte: »Wo immer diese Fahne weht, müßt ihr für sie
kämpfen.«*

1913 Wa'ta wa m. nit'a'
Schiff / ein / es ertrinkt.
Untergang der Titanic.

1914 Iya'Si'ca t'oka' oki'c'ize
Rede / schlecht / erst / es gibt Krieg.
Kriegserklärung an Deutschland.

1916 United States wa'ta nap'o'pyapi
US / Schiff / sie sprengen es in die Luft.
Versenkung der Lusitania.

1917 President Wilson oki'cizekta c'azo'ic'iwa
Präsident Wilson / es wird Krieg sein / er schreibt seinen
Namen.
Präsident Wilson ruft die Männer zum Dienst in der Armee auf.

1918 United States oki'c'ize ohi'yapi; Flu ewi'c'ac'eca
US / Krieg / sie gewinnen ihn / Grippe / bekommen sie.
Die USA schließen Frieden. Grippeepidemie.

1919 Iye'c'ika ig. lu'ha wic'a'yustapi
Nach ihrem eigenen Willen / um sich zu erhalten / sie werden gemacht.
Einige Sioux-Indianer werden US-Bürger.

1920 M.nita' T'a x ka wa wak'a'heza k'o m. nit a'pi
Flut / groß / Kinder / auch / sie sterben durch Ertrinken.
Der White Clya Creek tritt im Juni über die Ufer. Pferde,
Rinder und Hunde ertrinken. Ein Haus mit allem wird
fortgeschwemmt. Zwei Kinder sterben.

1923 President Wilson t'a
Präsident Wilson / stirbt.

1924 Ate'yapi Tidwell wic' a'k'ute
Agent / Tidwell / er schießt auf sie.
Agent Tidwell schießt auf einen Indianerjungen, der aus
dem Gefängnis entflohen ist.

1925 Agent Jermark wo'zuok'olakic'iye ka'ga
Agent Jermark / Bauerngenossenschaft / er macht.
Agent Jermark gründet eine Genossenschaft.

Erzählungen der Cheyenne

▲▲▲▲▲▲▲▲

Der-in-der-Nacht-sieht

▲▲▲▲▲▲▲▲

Der Stamm zog weiter, aber jeder Fluß, an den die Menschen kamen, war trocken. Sie konnten kein Wasser finden. Sie zogen weiter, bis sie an einen Creek kamen, wo sie sich Wasser verschafften, indem sie Löcher gruben, und dort blieben sie.

Am nächsten Tag wollten sie weiter zum großen Fluß. Im Lager hatten sie einen alten Hund mit einem Wurf Junger zurückgelassen.

Die Menschen kamen zu dem Fluß, überquerten ihn und zogen auf der anderen Seite weiter.

Nun gab es da einen armen Jungen, und als sie über den Fluß waren, legte er sich unter einen Baum und schlief ein. Die Hündin mit den Jungen folgte den Spuren der Menschen. Der Junge, der schlief, hörte die Hündin kommen. Sie jaulte, aber ihm kam es vor, als ob eine junge Frau singe. Sie sang ein und dasselbe Lied zweimal, und nach jedem Mal hielt sie inne und heulte viermal wie ein Wolf. Als der Junge sie zum erstenmal hörte, hielt er das Tier für einen Wolf.

Die Hündin kam näher und näher, immer dabei dasselbe Lied singend. Als sie ganz nahe bei ihm war, sprach sie: »Tu bitte meinen Kindern nichts zuleide. Habe Mitleid mit meinen Kindern und trage sie über den Fluß.«

Dann sang sie wieder dasselbe Lied wie zuvor, heulte viermal wie ein Wolf und redete wieder. Sie sagte: »Wu hu ist tat tan (menschliches Wesen), bitte füge meinen Kindern kein Leid zu. Bitte, trage sie sicher über den Fluß. Ich weiß, daß du ein armer Junge bist. Ich kenne den Weg der

Menschen und den Kriegspfad. Ich bin eine Frau. Ich kenne den Weg der Frauen. Wenn du meine Kinder sicher hinüberschaffst, werde ich dir helfen.«

Der junge Mann war sehr arm. Er besaß nur einen alten abgetragenen Mantel, der schon ganz zerlöchert war. Als er den Hund kommen hörte, stand er auf und schaute über den Fluß. Wie er die Hündin erkannte, hielt er beide Hände hoch. Er nahm die jungen Hunde und trug sie nacheinander alle über den Fluß zum anderen Ufer.

Als die beiden letzten drüben in Sicherheit waren, sprang die Mutter ins Wasser und schwamm ebenfalls hinüber.

Drüben sprach sie zu dem Jungen: »Wo ist das Lager?«

Er erwiderte: »Es ist nicht weit. Hinter der Biegung des Flusses. Da kommen gerade ein paar Leute. Wahrscheinlich wollen sie auf Büffeljagd gehen.«

Die Hündin redete weiter zu dem Jungen: »Ich weiß, daß du kein Heim hast. Deswegen will ich dir helfen. Schau auf deine Mokassins und deinen Umhang. Beide sind voller Löcher. Das wird sich ändern. Du wirst einen bekannten Namen haben. Alle werden dich kennen. Du wirst Freunde haben. Du wirst angesehen sein. Zwei oder drei Tage nachdem die Männer aufgebrochen sind, mußt du ihnen folgen und die Lieder singen, die du von mir gehört hast.«

Weiter sprach die Hündin: »Du mußt genau das tun, was ich dir gesagt habe. Zwei oder drei Tage nachdem die anderen aufgebrochen sind, gehst du los. Genau dann mußt du aufbrechen. Selbst wenn es dann gerade Nacht sein sollte. Du kannst ihrer Spur folgen. Ich bin eine Frau. Ich weiß, daß du berühmt werden wirst.«

Dann lief die Hündin ins Lager. Nachdem sie ein Stück gelaufen war, sah der Junge eine alte Frau daherkommen. Sie nahm die Hündchen auf und trug sie mit sich fort.

Die Leute waren tatsächlich gerade dabei, zur Büffeljagd aufzubrechen.

Die Krieger machten sich fertig für einen Ritt gegen den Feind.

Der Junge war noch nie mit im Krieg gewesen. Er verriet keinem, was die Hündin ihm gesagt hatte. Er pflegte während der Nacht auf die Hügel zu steigen und um Hilfe und Glück zu bitten.

Nach gewisser Zeit war er zum Mann herangewachsen. Eine Gruppe von Kriegern ging auf den Kriegspfad, und der Junge dachte bei sich: »Jetzt wird sich herausstellen, ob die Hündin die Wahrheit gesagt hat.«

Er beschloß, genau die drei Tage abzuwarten, ehe er den Spuren des Kriegszuges folgte.

Als die Krieger fort waren, wunderten sich die anderen Leute natürlich, daß er nicht mit ihnen gegangen war, und wollten wissen, was es damit auf sich habe.

Er sagte: »Ach, nichts weiter. Ich folge den anderen bald.«

Nach drei Tagen, wie die Hündin ihm geraten hatte, brach er auf. In der Nacht kampierte er. Am nächsten Tag folgte er wieder der Spur. Die Nacht kam, aber er lief weiter und sang dabei die Lieder, die die Hündin ihn gelehrt hatte. Für ihn war die Dunkelheit nicht dunkel, sondern wie heller Tag. Die dritte Nacht war er nun unterwegs. Erst sang er das erste Lied, das die Hündin gesungen hatte, dann das zweite, und nach jedem Lied heulte er wie ein Wolf viermal.

In der darauffolgenden Nacht hatte er den Zug der Krieger eingeholt. Einige Männer waren noch wach, und als er ins Lager kam, rief man ihn in jenes Kriegszelt, zu dessen Besatzung er gehören sollte.

Ein Mann sagte zu ihm: »Wir haben mit dir gerechnet, aber schließlich dachten wir, du würdest nicht mehr kommen.«

»Ach«, sagte der Junge, »ich hielt es für besser, drei Tage nach euch aufzubrechen.«

Am nächsten Morgen ging es weiter. Sie kampierten noch einige Male, ehe sie auf das Lager der Crow stießen. Dort warteten sie in der Nähe auf den Einbruch der Nacht. Dann wollten sie dem Feind die Pferde fortnehmen.

Der junge Mann sagte zu einem Freund: »Laß uns diesen Weg hier nehmen.«

Niemand wußte, daß der Junge bei Nacht genausogut sehen konnte wie bei Tage.

Sie kamen zu einer Koppel mit Pferden, und der junge Mann sprach zu seinem Freund: »Nimm du diese hier. Ich will weitergehen und schauen, ob ich noch mehr finde.«

Auf der anderen Seite des Flusses weideten tatsächlich noch mehr Pferde. Er wählte jene aus, die ihm am schönsten vorkamen. Er brachte all diese Pferde ins Lager der Cheyenne. Er half den Leuten, die sich seiner angenommen hatten, als er noch klein gewesen war. Er schenkte ihnen einige von diesen Pferden, die er gebracht hatte.

Einige Zeit darauf brach wieder einmal eine Gruppe Krieger auf. Seine Mokassins waren fertig, und er war bereit mitzuziehen. Statt dessen erklärte er den Leuten, er wolle vier Tage warten und dann dem Kriegszug folgen. So geschah es. Wieder sang er die Lieder und stimmte das Wolfsgeheul an. Er überholte die Gruppe in der sechsten Nacht. Sie zogen weiter und kamen an ein Lager des Feindes, wo sie wieder Pferde stahlen. Sie teilten sich auf. Immer zwei oder drei Krieger gingen zusammen. Immer noch wußten die Leute nicht, daß der junge Mann bei Nacht genausogut sah wie bei Tage. Und abermals nahm er seinen Freund mit, jenen Jungen, mit dem er schon beim ersten Kriegszug zusammen ins Lager des Feindes geschlichen war. Er sagte zu dem Freund: »Hier entlang müssen wir gehen.« Sie kamen zu einer großen Pferdeherde. Er hieß den Freund, sie forttreiben. Jeder fing sich ein Pferd, dann machten sie, daß sie mit der Herde davonkamen.

Als sie abermals mit so reicher Beute heimkehrten, wurde

der junge Mann zum Kriegshäuptling ernannt. Immer, wenn eine Gruppe zu einem Kriegszug aufbrach, blieben zwei oder drei junge Männer bei ihm zurück. Sie wollten herausfinden, was sich unterwegs bei ihm zutrug, da er doch immer später kam. Die Zurückgebliebenen versuchten einmal, ihn zu überreden, doch zeitiger aufzubrechen.

»Du wirst wohl nicht gehen?« fragten sie und versuchten, ihn herauszufordern und ihn zu verlocken, doch etwas zu verraten.

Er sagte nur: »Wartet ab. Wir holen die anderen schon noch rechtzeitig ein.«

Als sie dann aufbrachen, lehrte er die jungen Männer jene Lieder, die ihn die Hündin gelehrt hatte. Wieder erbeuteten sie viele Pferde.

Als sie vom Kriegspfad zurückkamen, sagte der Häuptling des ganzen Dorfes: »Diesen jungen Mann hätte ich gern zum Schwiegersohn. Sein Name hat einen guten Klang. Das Glück ist auf seiner Seite.«

Als die Leute, bei denen der junge Mann lebte, das hörten, schickten sie dem Mädchen Pferde, und er heiratete sie.

Jetzt war er reich. Er besaß ein großes Zelt, und viele Menschen bewunderten ihn. Er wurde ein berühmter Häuptling. Das Glück blieb ihm treu. Immer kehrte er erfolgreich und wohlbehalten vom Kriegspfad zurück. Alles, was die Hündin ihm versprochen hatte, war in Erfüllung gegangen.

Die Büffelfrau

△△△△△△△△

Einst war der Stamm verstreut. Er kampierte in kleinen Gruppen an verschiedenen Orten. In einem der Lager gab es einen stattlichen jungen Mann. Er sah sehr gut aus. Sein Vater war stolz auf ihn. Er baute für ihn eine Hütte, in der der junge Mann allein leben konnte.

Verschiedene Mädchen hatten sich darum bemüht, ihn zu heiraten, aber er hatte sie abgewiesen.

Eines Tages kam ein Mädchen in sein Dorf, ein sehr schönes Mädchen. Sie hatte gelbes Haar. Er mochte sie und nahm sie in sein Zelt. Er heiratete sie. Danach kam ein anderes Mädchen. Sie hatte dunkles Haar. Er heiratete auch sie. Das erste der beiden Mädchen war ein Elch, das zweite eine junge Büffelkuh, aber der junge Mann wußte nichts davon.

Sie hatten menschliche Gestalt angenommen.

Der junge Mann lebte mit diesen zwei Frauen. Nach einiger Zeit gebar jede von ihnen ein Kind, und die Jungen wuchsen heran, bis sie zu groß geworden waren, um noch miteinander zu spielen. Eines Tages stritten sich die beiden. Natürlich ergriff jede Mutter für ihr Kind Partei. Die Elchfrau war so zornig, daß sie das Lager verließ und ihren Sohn mit sich nahm.

Die Büffelfrau erklärte, nun wolle sie auch nicht länger bleiben. Auch sie ging fort.

Dies geschah, während der junge Mann auf den Hügeln war, um sich nach seinen Hunden umzuschauen. Als er ins Lager zurückkehrte und feststellen mußte, daß beide Frauen fort waren, wurde er zornig und sprach zu seinem

Vater: »Warum hast du es zugelassen, daß die Frauen fortgegangen sind? Warum hast du sie nicht aufgehalten? Ich
sah sie über den Hügel davonlaufen, als ich ins Lager
kam.«

Der junge Mann nähte sich ein Paar Mokassins und sagte
zu seinem Vater: »Ich gehe ihnen nach. Ich will versuchen,
sie zurückzuholen. Er verließ das Lager und stieg auf
einen Hügel. Als er oben angekommen war, stand er da für
einige Zeit und überlegte noch einmal, welcher seiner beiden Frauen er folgen solle. Er entschloß sich für die Büffelfrau. Er folgte über eine lange Wegstrecke hin ihrer Spur.
Schließlich verwandelte sich die Spur der beiden in die
Spuren einer Büffelkuh und eines Büffelkalbs. Er ging nun
auf dieser Fährte weiter bis zum späten Abend und sah
schließlich in der Ferne eine einsame Hütte vor sich. Es
war die seiner Frau. Ein kleiner Junge spielte draußen.

Als er den Vater kommen sah, rannte er zur Mutter und
rief: »Mutter, mein Vater kommt.«

Die Frau sagte zu dem Kind: »Geh, und grüße deinen Vater. Sag ihm aber, er dürfe nicht näher herankommen. Er
soll umkehren und wieder heimgehen. Sag ihm, daß ich in
meine Heimat unterwegs bin, die weit fort liegt.«

Der Junge tat, wie ihm geheißen, und als er vor dem Vater
stand, richtete er ihm aus, was die Mutter ihm aufgetragen
hatte. Aber der junge Mann weigerte sich heimzugehen.

Er sprach: »Nein, ich liebe dich, Sohn. Ich folge dir.«

Er betrat die Hütte. Sie war ordentlich eingerichtet. Bei
Nacht legte er sich links von der Tür neben den kleinen
Jungen. Seine Frau lag rechts von der Tür. Als er am Morgen erwachte, war er allein. Auch die Hütte war fort. Er
befand sich unter freiem Himmel auf offener Prärie.

Er stand auf und sah sich nach Spuren um. Er konnte die
Spur ausmachen, die die Zeltstangen beim Wegschleifen
hinterlassen hatten, und folgte ihr. Plötzlich hörte auch
diese Spur auf, und wieder sah man nur die Fährte einer

Büffelkuh und eines Kalbs. Den ganzen Tag über ging er den Tierspuren nach. Am Abend sah er vor sich einen Bach. Dort war wieder eine einsame Hütte, nämlich die seiner Frau und seines Sohnes. Der Junge sah ihn kommen. Er berichtete der Mutter davon, und diese schickte dem Vater dieselbe Botschaft wie schon am Tag zuvor. Wieder weigerte sich der Vater umzukehren.

Er sprach: »Mein Sohn, ich folge dir um deinetwillen. Ich liebe dich.«

In dieser Nacht legte er sich wieder dicht neben sein Kind nieder, nahm es in die Arme und hielt es fest. Er dachte, so werde er merken, wenn es in der Nacht oder am frühen Morgen aufstehe. Aber am Morgen, als er erwachte, lag er abermals auf der offenen Prärie. Keine Hütte war mehr da.

An diesem Tag folgte er der Spur traurig und weinend. Am Abend sah er die Hütte. Der Junge sah ihn, und wieder lautete die Botschaft der Frau wie am Tag zuvor.

Aber das Kind fügte hinzu: »Wir werden es schwer haben, dort, wo wir hingehen, etwas zu essen zu finden. Du mußt umkehren.«

Der Vater aber sagte: »Nein, mein Sohn. Ich folge dir und deiner Mutter.« In dieser Nacht machte er das Kind an seinem Gürtel fest, weil er meinte, so könne es unmöglich durch Zauber entführt werden. Aber am Morgen war er wieder allein. Wieder ging er den beiden nach und holte sie am Abend ein. Ehe er die Hütte diesmal erreichte, ließ ihm die Frau wieder durch den Jungen ausrichten, er solle endlich umkehren.

»Sie sagt«, erklärte ihm der Sohn, »daß wir nun schon nahe ihrer Heimat sind. Mein Großvater und meine Großmutter sind mächtige Leute. Sie könnten dich töten.«

Der Mann wollte nicht umkehren, sondern blieb in der Nacht wieder in der Hütte. Seine Frau legte sich neben ihn. Sie schlief mit ihm. Das machte ihm Hoffnung. Er versuchte, die ganze Nacht wach zu bleiben. Aber am nächsten Morgen fand er sich wieder allein.

Abermals verfolgte er die Spur der beiden, und wieder kam der Junge und sagte ihm, er müsse umkehren.

Er sprach: »Es ist ein schlechter Ort, an den meine Mutter geht. Es könnte gefährlich werden für dich, wenn du nicht umkehrst.«

Der Mann erwiderte: »Nein, mein Sohn, ich kehre nicht um. Ich folge dir und deiner Mutter. Ich liebe dich, und ich verlasse dich nicht.«

»Nun«, antwortete der Sohn, »es wäre wirklich besser, du gingest zurück. Dies wird eine lange Reise. Du wirst Durst leiden, denn es gibt in diesem Land kein Wasser.«

»Nein, mein Sohn«, beharrte der Vater, »ich folge dir und deiner Mutter.«

»Wenn du unbedingt entschlossen bist mitzukommen«, sagte der Junge, »dann achte auf unsere Spuren, und wann immer ich einen Schritt zur Seite mache, wird Wasser dort zu finden sein. Außerdem will ich dir von Zeit zu Zeit eine Schale mit Fleisch hinstellen. Wenn du nun den Ort erreichst, werden meine Verwandten auf dich zukommen. Sie werden dich angreifen. Du darfst nicht vor ihnen davonlaufen. Du darfst dich nicht bewegen.«

Der Mann erinnerte sich an das, was sein Sohn ihm gesagt hatte, und genau so kam es auch. Die Büffelkuh und ihr Junges liefen weiter. Der Mann folgte ihnen rasch. Er wurde müde und sehr durstig, aber mehrmals fand er in der Spur des Kalbs Wasser. Er fand auch die Nahrung, die sein Sohn ihm hingestellt hatte.

Am nächsten Tag erreichten die Frau und ihr Sohn die Heimat der Büffel.

Als die Tiere sie kommen sahen, sprachen sie zueinander: »Die Büffelfrau kommt. Sie bringt jemanden mit. Was sollen wir nun tun?«

Sie versuchten, einen Beschluß zu fassen, und endlich kamen sie überein, den Mann zu töten, wenn er nicht umkehren wolle. Sie schickten seinen Sohn zu ihm, um ihm das ausrichten zu lassen.

Als die Frau das Dorf erreichte, in dem sich die Büffel aufhielten, war der Mann noch weit zurück. Als er näher kam, hielt er auf einem Hügel inne und blieb dort sitzen, klagend und weinend.

Nach einiger Zeit kam der Junge zu ihm und sprach: »Besser, du gehst. Mein Großvater und meine Onkel wollen dich töten.«

Der Vater antwortete: »Nein, mein Sohn. Ich folge dir. Ich liebe dich. Ich bin bereit, für meine Liebe zu dir zu sterben.«

Der Junge kehrte zu den Büffeln zurück und erzählte ihnen, was sein Vater ihm gesagt hatte.

Der Häuptling der Büffel schickte nun seinen Sohn aus, um den Mann töten zu lassen. Der junge Büffel kam langsam den Hügel herauf. Oft blieb er stehen und wirbelte Staub auf. Als er ganz nahe an den Mann herangekommen war, senkte er seinen Kopf und stürmte gegen ihn an. Der Mann bewegte sich nicht. Er saß regungslos da. Ehe sein Schwager ihn über den Haufen zu rennen sich anschickte, besann dieser sich anders. Er sah zu dem Mann hin und sagte: »I yo hoh, mein Schwager besitzt ein starkes Herz.« Dann wandte er sich um und rannte den Hügel herunter.

Als nächster kam der Schwiegervater des Mannes und wollte ihn töten. Er verhielt sich ganz genau so, wie sein Sohn sich verhalten hatte. Er warf Staub auf, stürmte dann gegen den Mann an. Der aber bewegte sich auch jetzt nicht.

Da hielt der alte Büffel inne und sagte: »I yo hoh. Mein Schwiegersohn hat ein starkes Herz.« Dann machte er kehrt.

Die Büffel berieten nun wieder, was weiter geschehen

solle, und als sie zu einer Entscheidung gekommen waren, schickten sie den Sohn zu dem Mann hin, um ihm ausrichten zu lassen, was sie beschlossen hatten.

Der Sohn sagte: »Vater, sie werden dich jetzt hinunter zur Herde rufen, und wenn du unter all den Tieren mich und meine Mutter nicht herausfindest, werden sie dich töten. Ich will versuchen, dir zu helfen. Wenn du dich unter den Büffeln umsiehst, werde ich derjenige sein, der links von den anderen Kälbern steht und mit den Ohren wackelt. Auf den Höcker meiner Mutter werde ich eine große Zecke setzen. Meine Großmutter erkennst du an demselben Zeichen, aber bei ihr sitzt die Zecke mitten auf dem Rücken. Bei meinem Großvater sitzt das Tier am Kopf und bei meinem Onkel nahe dem Schwanzansatz. Schau genau hin.«

Der Häuptling der Büffel hieß seine Kälber sich in Reihen aufstellen. Die jungen Kälber in eine Reihe, die jungen Kühe in die nächste, dann die jungen Bullen und dahinter die alten Kühe und die alten Bullen. Darauf ließ er seinen Schwiegersohn auffordern, seinen Sohn, seine Frau, seinen Schwager, seine Schwiegermutter und ihn selbst in der Reihe der Tiere herauszufinden. Der Mann kam, und er fand alle.

Da waren die Büffel erstaunt und sprachen untereinander: »I yo hoh, das ist ein großer Mann.«

Auf der Prärie, wo die Büffel kampierten, standen viele Bündel, die ihren Besitz enthielten, und die Bündel hatten alle als Verzierung Quasten.

Der Junge sprach zu seinem Vater: »Jetzt werden sie dich auffordern, das Bündel meiner Mutter herauszufinden. Ich werde einen kleinen Stock dort hineinstecken, wo die Schnüre zusammengebunden sind. So wirst du wissen, welches der rechte Sack ist.«

Als die Büffel dem Mann nun diese Aufgabe stellten, fand er auch den Sack seiner Frau sofort heraus. Als letztes mußte er noch unter allen Kissen und Decken diejenigen bezeichnen, die seiner Frau gehörten. Auch hier half ihm sein Sohn, indem er sie mit kleinen Stöcken markierte.

Jetzt waren die Büffel überzeugt, daß dies ein Mann sei, der zu ihnen paßte.

Sein Schwiegervater befahl seinen Leuten, eine Hütte für ihn zu bauen.

Er fragte: »Aber wie wollen wir diesen Menschen durchfüttern? Was können wir ihm zu essen geben? Die Nahrung, die er verträgt, haben wir nicht. Er kann nicht, wie wir Büffel, Gras fressen. Wir wollen einen Büffel töten und ihn von dessen Fleisch kosten lassen. Vielleicht schmeckt es ihm.« Also töteten sie einen Büffel, und der Mann aß davon. Der alte Büffel fragte seine Tochter, ob ihrem Mann das Fleisch denn nun auch geschmeckt habe.

Die Tochter antwortete: »Er mag es. Es schmeckt ihm gut.«

Während sich all dies zutrug, brachen immer wieder Abteilungen mit Kriegern der Büffel auf, um nach den Lagern ihrer Feinde Ausschau zu halten.

Zu dieser Zeit kannten die Menschen noch keinen Pfeil und keine Bogen. Sie lebten von Wurzeln und den Pilzen, die an alten Baumstämmen wuchern, und von der weichen, inneren Borke gewisser Bäume. In jenen Tagen pflegten die Büffel die Menschen zu fressen.

Eines Tages ging der Mann dorthin, wo die Büffel kämpften, um zu sehen, was da geschah. Die Büffel hatten gerade eine ganze Anzahl von Leuten getötet und waren gerade dabei, die Hinterteile aufzuhängen. Es kam den Mann schwer an, so viele Menschen tot vor sich zu sehen.

Eines Nachts träumte er etwas. Er träumte von einem Gerät, mit dem man Dinge, die sich weit fort befanden, durchbohren konnte. Er ging in die Hügel und dachte lange darüber nach, und endlich erfand er ein solches Gerät.

Er nahm die Sehnen von dem Büffel, der getötet worden war, und einen Stock und fertigte einen Bogen: den ersten, der je gemacht worden ist.

Er nahm die Waffe nicht mit ins Lager, sondern versteckte sie auf den Hügeln. Noch hatte er keine Pfeile. Aber er sammelte kleine Stöcke. Er nahm andere Sehnen, und er fand einige Federn. Er sah sich auf den Hügeln nach scharfen Steinen um und band sie mit dünnen Sehnenschnüren an seine Pfeile fest. Als seine Pfeile fertig waren, verbarg er auch sie auf dem Hügel und ging heim. Jeden Tag kam er zurück, schoß mit ihnen, um sich zu üben.

Eines Tages, als der Mann wieder weit vom Lager entfernt draußen auf der Prärie war, sah er eine Herde Büffel angriffslustig über den Hügel gestürmt kommen. Er versteckte sich, kroch durch das Gras, um zu schauen, was sie tun würden. Als er nahe genug herangekommen war, sah er eine Gruppe von Menschen hinter einer Brustwehr, und die Büffel rannten gegen sie an. Die Menschen versuchten, sie mit Keulen abzuwehren. Durch die Brustwehr gelang es den Büffeln nicht, an die Menschen heranzukommen. Der Mann begann mit seinen Pfeilen die Büffel zu beschießen, und einige brachen tot zusammen.

Die anderen aber riefen: »Lauft fort, hier ist eine mächtige Person.«

Die Büffel hatten schon einige Leute getötet und ihr Fleisch und das Fett an sich genommen.

Sie versteckten ihre Beute hinter ihrem Hals und rannten. Der Mann sagte zu den Menschen, denen er geholfen hatte: »Zerlegt diesen toten Büffel und versucht sein Fleisch! Ich habe es schon probiert. Es schmeckt gut.«

Er fertigte später viele Bogen und Pfeile für die Menschen, und von dieser Zeit an begannen sie, sich zu verteilen und über die Prärie hinzustreifen – so zu leben, wie Menschen eben leben.

Die Büffel aber rannten fort, sobald sie Menschen sahen,

und griffen sie von sich aus nie mehr an. Der Mann aber wurde der erste Mensch mit großer Macht. Er hatte den Stamm gerettet.

So war es, als wir zu leben begannen.

Schwarzer Wolf und seine Väter

▲▲▲▲▲▲▲▲

Schwarzer Wolf war ein gutaussehender junger Mann. Viele Mädchen mochten ihn, aber sein Vater wollte keine von ihnen zur Schwiegertochter.

Er pflegte zu sagen: »Ich will einfach nicht, daß mein Sohn heiratet.«

Jeden Tag pflegte Schwarzer Wolf auf einen Hügel zu steigen. Er setzte sich dort auf ein weißes Büffelfell und schaute über das Tal hin.

Im Lager sprach man von einem Umzug. Da sagte der Vater: »Wenn das Lager umzieht, bleibe ich hier. Ich ärgere mich zu sehr über die Leute.«

Er mochte nicht, daß so viele Mädchen darauf aus waren, seinen Sohn zu heiraten.

Zwei Mädchen, die meinten, es besonders schlau anzufangen, beschlossen, dem Schwarzen Wolf einen Streich zu spielen.

Sie kamen überein, ebenfalls zurückzubleiben, wenn die anderen fortzogen. Sie sagten: »Wir wollen doch sehen, was sich da tun läßt, wenn sich dieser Bursche zu gut dünkt, um zu heiraten.«

Das Büffelfell, auf dem Schwarzer Wolf zu sitzen pflegte, nahm er niemals fort. Es lag immer an derselben Stelle auf dem Hügel. Eines Nachts, als das Lager fortgezogen war, gingen die Mädchen, die sich während des Tages versteckt hatten, dort hinauf, nahmen das Fell fort und gruben an dieser Stelle eine tiefe Grube. Sie arbeiteten die ganze Nacht und trugen den Aushub weit fort, so daß man nichts sah. Als sie fertig waren, breiteten sie die Decke aus

Büffelfell wieder über die Stelle, so daß es aussah, als sei nichts geschehen.

Am nächsten Morgen stieg Schwarzer Wolf wieder hinauf auf den Hügel. Als er sich hinsetzte, fiel er in diese Grube. Er kam nicht mehr heraus.

Als die Nacht kam und er nicht zu der Hütte zurückkehrte, sagte seine Mutter zu ihrem Mann: »Wo ist mein Sohn? Warum ist er nicht heimgekommen? Er muß sich einsam fühlen, da doch die anderen fortgezogen sind. Mein Sohn wollte mit den anderen fortziehen. Wenn du Sinn und Verstand hättest, wäre er mit ihnen gegangen. Laß uns packen und dem Stamm folgen.«

Sie packten und brachen auf, und als sie das Hauptlager erreichten, fragte die Mutter: »Ist mein Sohn hier?«

Der Vater sagte zu seinen Freunden: »Mein Sohn muß sich einsam gefühlt haben und dem Lager gefolgt sein.« Beide nahmen an, er sei hier.

Die beiden Mädchen beobachteten die Hütte, und als die Eltern fortgezogen waren, gingen sie zu der Grube auf dem Hügel, schauten hinab und sahen den jungen Mann dort sitzen. Er konnte nicht heraus.

Die Mädchen sprachen mit ihm und sagten: »An so einen wie dich ist schwer heranzukommen, aber jetzt haben wir dich.«

Schwarzer Wolf antwortete ihnen: »Wenn ihr mich hier herausholt, werde ich euch beide heiraten.«

»Na schön«, sagten die Mädchen, »reich uns erst das weiße Büffelfell herauf. Wenn wir erst dich herauflassen, würden wir das Fell doch nicht bekommen.« Nachdem er ihrem Wunsch entsprochen hatte, sagten sie: »Jetzt haben wir, was wir wollen.« Nahebei lagen viele Büffelknochen, die nahmen sie auf und warfen sie Schwarzem Wolf auf den Kopf. Sie trafen ihn am Kopf und an den Schultern. Er blutete an mehreren Stellen. Heraus holten sie ihn nicht. Sie gingen fort und ließen ihn leiden. Seine Eltern im Lager

66

fragten die Leute, ob denn nicht irgendwer ihren Sohn gesehen habe, aber keiner wußte ihnen etwas über ihn zu sagen. Schließlich fanden sie sich damit ab, daß er verloren sei, und klagten um ihn.

Eines Nachts schlich ein großer weißer Wolf um den Hügel, witterte den Menschen, folgte dem Geruch und fand die Grube. Als er hinabsah, sagte der Wolf: »Ich habe ein menschliches Wesen gefunden. Ich will ihn zu meinem Sohn machen.«

Ein anderer Wolf, ein verrückter, kam auch daher, schaute in die Grube und sprach: »Ich habe ein menschliches Wesen gefunden. Endlich habe ich etwas zu fressen.«

Die beiden Wölfe stritten lange darüber, was mit dem jungen Mann geschehen solle, und endlich kamen sie überein, daß ein jeder von ihnen sich bis zu dem Mann vorangraben solle, und wer als erster dort sei, dem solle er gehören.

Sie begannen zu graben. Der junge Mann, der den Streit mit angehört hatte, nahm einen der Büffelknochen, den die Mädchen hinabgeworfen hatten, und grub von der anderen Seite an jener Stelle, an der auch der weiße Wolf scharrte. So half er ihm, und der weiße Wolf kam als erster ans Ziel.

Als die beiden Wölfe sich hindurchgegraben hatten, begann ihr Streit von neuem, denn der verrückte Wolf wollte immer noch den jungen Mann auffressen. Nun begannen sie zu überlegen, wie sie wieder aus der Grube herauskämen.

Da sagte der verrückte Wolf zu dem weißen Wolf: »Ich gehe zuerst, dann soll das Menschenwesen kommen. Du kommst zuletzt.«

»Nein«, sagte der Wolf, »so geht das nicht.« Er wandte sich an den jungen Mann und sprach: »Wenn du direkt hinter ihm aus der Grube steigst, wird er sich umdrehen, dich beißen und dich auffressen.«

Schließlich gab der verrückte Wolf nach und überließ seinem Kollegen den jungen Mann. Der verrückte Wolf sagte: »Geh du zuerst, dann kann dein Sohn folgen, und am Ende komme ich.«

»Wie dem auch sei«, sagte der weiße Wolf, »dieses menschliche Wesen kann eine große Hilfe für uns sein. Wir müssen ihn beschützen, damit er uns helfen kann. Geh du zuerst, dann komme ich nach, und zum Schluß kommt unser Sohn.«

Der verrückte Wolf ging also zuerst, der weiße Wolf folgte. Als er zum Eingang kam und gerade den Kopf herausstreckte, wollte sich der verrückte Wolf auf ihn stürzen und ihn beißen, aber als er sah, wer da kam, hielt er inne und sprach: »Ich habe einen Fehler gemacht.«

Der junge Mann kam hervor, und schließlich standen sie alle drei zusammen vor der Grube.

Der weiße Wolf sagte zu dem jungen Mann: »Jetzt will ich dich mit mir nehmen.«

»Ja«, sagte der verrückte Wolf, »du wirst jetzt mit heimgehen. Dort werden dir viele Väter begegnen.« Sie brachen auf, und sehr bald kam der verrückte Wolf dem Mann immer näher, und es sah so aus, als wolle er ihn doch noch fressen.

Als sie so gingen, sprach der weiße Wolf zu seinem Sohn: »Wir wohnen in einem großen, runden Hügel.«

Der verrückte Wolf aber sagte: »Unser Sohn ist jetzt lange gelaufen. Er muß hungrig sein. Warum gehst du nicht und versuchst, etwas für ihn zu essen aufzutreiben?«

Der weiße Wolf entfernte sich nicht allzu weit von dem jungen Mann. Er sagte zu dem verrückten Wolf: »Nein, du bist der bessere Jäger als ich. Auch hast du immer mehr Glück. Geh du und hol etwas für unseren Sohn zu essen. Er ist tatsächlich hungrig.«

»Ja«, sagte der verrückte Wolf, und als er fort war, sagte der weiße Wolf zu dem jungen Mann: »Es gibt vier von dieser Sorte. Sie sind alle böse und häßlich. Es gibt aber auch vier, die sind wie ich und haben dich zum Sohn genommen.«

Gerade da eben kam der verrückte Wolf zurück und sagte zum weißen Wolf: »Hast du etwa unserem Sohn schlimme Dinge über mich erzählt, hast du mich schlechtgemacht?«

»Nicht doch«, sagte der weiße Wolf, »ich habe ihm lediglich erzählt, was für ein guter Jäger du bist und daß du niemals müde wirst.«

Der verrückte Wolf strich wieder fort, und als sie weitergingen, sagte der weiße Wolf zu dem jungen Mann: »Er verständigt jetzt jene, zu denen wir unterwegs sind. Dort wirst du viele Wölfe sehen, und alle werden deine Väter sein.«

Als der verrückte Wolf abermals zurückkam, trug er eine Büffelleber im Maul. Schwarzer Wolf aß die Leber, und der weiße Wolf sagte: »Habe ich nicht gesagt, daß dein Vater ein großer Jäger ist und daß er uns etwas zu essen bringen würde.«

Der verrückte Wolf sagte: »Ich denke, du hast diesem Mann alles von mir verraten.«

Dort, wo sie sich trafen, schliefen sie in dieser Nacht. Der verrückte Wolf sagte: »Ich will neben unserem Sohn schlafen.«

»Nein«, sagte der weiße Wolf, »neben ihm schlafe ich.«

Der verrückte Wolf war immer noch darauf aus, dem jungen Mann etwas anzutun.

Am nächsten Morgen gingen sie weiter, und der verrückte Wolf sagte zum weißen Wolf: »Jetzt geh du einmal und hole etwas zu essen für unseren Sohn.«

»Nein«, sagte der weiße Wolf, »du gehst. Ich habe dir schon einmal gesagt, daß ich diesen Menschen zu meinem Sohn genommen habe. Ich werde ihn nicht verlassen.«

Der verrückte Wolf brach auf, und ehe er ging, sagte ihm der weiße Wolf, in welche Richtung sie gehen und wo sie sich treffen würden. Als sie wieder zusammenkamen, hatte der verrückte Wolf für den jungen Mann ein Stück Leber im Maul.

Am nächsten Morgen ging es weiter, und der weiße Wolf sagte zu dem jungen Mann: »Heute nacht werden wir das letzte Mal kampieren, ehe wir nach Haus kommen. Da mußt du unbedingt eine Decke haben.«

Sie gingen weiter, und der weiße Wolf sagte zu dem verrückten Wolf: »Versuch's doch noch mal, uns etwas zu essen zu holen.«

Der verrückte Wolf wollte schon aufbrechen, da fiel ihm noch etwas ein. Er wandte sich um und sagte: »Nein, ich bin schon zweimal fortgewesen. Jetzt geh du einmal.«

»Nicht doch«, sagte der weiße Wolf, »habe ich dir nicht gesagt, daß dies mein Sohn ist und ich ihn nicht verlassen werde. Außerdem braucht er bei unserem nächsten Lager eine Decke.« Also sprang der verrückte Wolf davon, um etwas zu essen zu suchen. Und als sie sich wieder trafen, trug er eine gekochte Zunge im Maul, die aß der junge Mann mit Genuß. Darauf sprach der weiße Wolf: »Unser Sohn braucht eine Decke, damit er wärmer schläft.«

Der weiße Wolf legte sich hin, rollte sich auf dem Boden, und als er wieder aufstand, blieb sein Wolfsfell liegen. Er sprach zu dem jungen Mann: »Nimm das auf, tu so, als sei es eine Decke, und schüttle sie.«

Und als der junge Mann dies tat, hielt er plötzlich eine große Decke in den Händen, die aus vier Wolfsfellen zusammengenäht war.

Der weiße Wolf hieß ihn, sich damit zuzudecken, und sie blieben an dieser Stelle die Nacht über.

Am nächsten Morgen, als sie aufbrachen, zeigte der weiße Wolf dem jungen Mann einen Hügel. Es war noch weit bis dorthin. »Dorthin sind wir unterwegs«, sagte er, »aber heute schaffen wir es nicht mehr.«

Der verrückte Wolf sagte: »Heute mußt du auf die Jagd gehen. Wir treffen uns dann auf halbem Weg zum Hügel.«

Der weiße Wolf weigerte sich wie zuvor, und der verrückte Wolf lief fort, um zu jagen.

Nachdem er weg war, sagte der weiße Wolf: »Wenn wir an diese Stelle kommen, zu der wir unterwegs sind, wird der verrückte Wolf dich auffordern, unter all den Wölfen dort deinen Vater herauszufinden. Das wird schwierig werden, denn vier von uns sind völlig gleich. Und wenn du diese Aufgabe nicht löst, werden sie dich töten und fressen. Ich werde dagegensprechen, aber danach werden sie es erst recht verlangen. Kommt es dahin und stehe ich in der Reihe, so werde ich mit dem Auge blinzeln. Dann mußt du mich anfassen und sagen: ›Dies ist mein Vater.‹

Beim ersten Mal werde ich mit dem rechten Auge blinzeln. Dann werden sie alle durcheinanderlaufen und heulen. Darauf werden sie sich aber wieder aufstellen in einer Reihe. Wenn du mich das zweite Mal herausfinden sollst, werde ich mit dem rechten Ohr wackeln. Dann muß du sagen: ›Dies ist mein Vater.‹ Abermals werden sie durcheinanderlaufen und sich in einer Reihe aufstellen und dich aussuchen lassen. Diesmal werde ich die dritte Zehe meines rechten Fußes bewegen. Beim vierten Mal werden wir uns hinhocken, die Schwänze zwischen unseren Vorderläufen. Ich werde dann meine Schwanzspitze bewegen, und du wirst Bescheid wissen.«

In dieser Nacht brachte der verrückte Wolf ein Stück gebratenes Fleisch. Sie waren dem Hügel schon sehr nahe gekommen. Der weiße Wolf deutete hinüber und sagte: »Dorthin bringen wir dich!«

Als sie am nächsten Morgen aufbrachen, verließ sie der verrückte Wolf. Er lief zum Hügel voraus und verkündete dort die Neuigkeit.

Als sich der weiße Wolf und der junge Mann dem Hügel

näherten, schien eine ganze Welle von Wölfen und Coyoten auf sie zuzukommen über die Prärie. Am Hügel stießen sie auf vier verrückte und auf vier weiße Wölfe. Alle scheinbar völlig gleich.

Der menschenfressende Wolf sprach zum weißen Wolf: »Wenn dieser dein Sohn dich viermal unter all den anderen herausfindet, wollen wir ihn als Sohn annehmen.«

Der weiße Wolf sprach: »Recht so, soll unser Sohn nach seinem Vater Ausschau halten.«

Sie hießen den jungen Mann, seinen Kopf zu verhüllen, und alle Wölfe sprangen um ihn herum und heulten. Dann gingen sie im Kreis, und vier weiße Wölfe liefen in die Kreismitte und stellten sich dort in einer Reihe auf. Nun durfte der Sohn das Tuch wieder von seinem Kopf nehmen, und man hieß ihn nach seinem Vater suchen. Die vier weißen Wölfe standen da im Mittelpunkt des Kreises. Der junge Mann beobachtete sie, ließ vor allem ihre Köpfe nicht aus den Augen, und dann erkannte er, wie einer blinzelte.

Da sagte er: »Das ist mein Vater«, und der menschenfressende Wolf ließ einen Laut des Mißmuts hören. Das gefiel ihm ganz und gar nicht.

Wieder hießen sie den jungen Mann, den Kopf zu verhüllen, und die Wölfe liefen umher und heulten wie zuvor, und als der junge Mann das Tuch wieder abnahm, sagten sie: »Jetzt sieh dich nach deinem Vater um.«

Er schaute wieder, und einer der weißen Wölfe wackelte mit dem rechten Ohr. Der junge Mann sagte: »Da ist ja mein Vater!«, und wieder gab der menschenfressende Wolf einen Laut des Mißmuts von sich.

Wieder mußte der junge Mann den Kopf verhüllen, und die Wölfe liefen umher und heulten wie zuvor. Aber ehe der junge Mann wählte, sprach der menschenfressende Wolf: »Dies ist die letzte Wahl.«

Und der junge Mann fand jenen weißen Wolf, der ihn als

Sohn angenommen hatte, richtig heraus, denn er bewegte seine Schwanzspitze. Danach hielt der menschenfressende Wolf viel von diesem Sohn.

Der weiße Wolf sagte: »Nun, unser Sohn ist jetzt schon eine ganze Zeit hier gewesen. Wir sind alle hungrig. Wir brauchen Pfeile und Bogen. Wir werden Walking Rabbit schicken.

»Nein«, sagte Walking Rabbit, »schickt nicht mich, schickt Standing Rabbit aus.«

Standing Rabbit ging, er fand ein Lager der Menschen. Er ging nahe heran, und sofort wurden Pfeile abgeschossen, und die Leute warfen sogar mit Bogen nach ihm. Er wich den Pfeilen aus, und es gelang ihm, die Dinge zum Hügel zurückzutragen. Er brachte viele Pfeile mit.

Der junge Mann war über diese Dinge sehr froh. Er probierte den Bogen aus, um zu sehen, wie stark er sei, und als er die Sehne schneppern ließ, erschreckte dies die Wölfe, und sie rannten fort. »Hör mal«, sagte der weiße Wolf, »du darfst deine Väter nicht erschrecken, sie werden leicht nervös.«

»Gut«, sagte der junge Mann, »aber sie sollen ein paar Büffel herbeitreiben, damit ich meinen Bogen ausprobieren kann.«

Die Wölfe trieben Büffel heran. Der junge Mann hatte zwanzig Pfeile, und er tötete zwanzig Büffel. Dann brauchten sie ein Messer, um das Fleisch zu zerlegen, und beschlossen, Swift Fox auszuschicken, weil er, wie sein Name sagt, besonders rasch auf den Beinen war.

Es dauerte nicht lange, da brachte Swift Fox ein Messer an. Sie wußten nicht, wie er es bekommen hatte, aber wahrscheinlich hatte es jemand nach ihm geworfen.

Der junge Mann war froh, daß er nun auch ein Messer besaß, er ging hin und brach damit einen Büffel auf, damit die Wölfe davon fressen konnten. Die Zunge behielt er für sich.

Nun sagten die Wölfe: »Unser Sohn braucht auch ein Feuer.«

Zum Coyoten aber sprachen sie: »Du bist immer so schlau, geh und besorge uns Feuer.«

Sehr bald war der Coyote mit einem Sack voller Zunder und Feuersteinen zurück. Er ging zu dem jungen Mann, gab ihm diese Dinge und sagte: »Nun, hier ist etwas, um Feuer zu machen, wenn du es benutzen kannst.«

Der junge Mann entzündete in der Behausung der Wölfe ein Feuer, und der Geruch jagte den Wölfen einen tödlichen Schreck ein. Der weiße Wolf sagte zu ihm: »Mein Sohn, du erschreckst deine Väter. In Zukunft mußt du das Feuer draußen anzünden.«

Also entzündete Schwarzer Wolf am Abend ein Feuer draußen, und sie brieten das Fleisch, als ein Wolf ankam, der war bei einer Büffeljagd der Menschen von einem Pfeil getroffen worden, der noch in seinem Leib steckte. Weißer Wolf hieß den Sohn den Pfeil herausziehen. Da kam schon der nächste Wolf an, und auch ihm saß ein Pfeil im Leib, und wieder sagte der weiße Wolf: »Geh und zieh deinem Vater den Pfeil heraus, denn du weißt, wie man so etwas tut.«

Eines Tages sagte der junge Mann: »Ich muß einmal zu dem Ort gehen, an dem meine Väter verwundet worden sind.« Das tat er. Nachdem die Büffel umstellt und getötet worden waren, holten sich die Wölfe zu fressen, und der junge Mann war bei ihnen. Er schien sich vor dem Geruch der Menschen zu fürchten. Einige Leute sahen ihn und sprachen: »Er sieht aus wie jener junge Mann, der verschwunden ist.« Die Leute brachten die Nachricht ins Lager. Sie erzählten, unter den Wölfen sei einer, der gehe aufrecht und benehme sich wie ein menschliches Wesen.

Der Vater des Schwarzen Wolfs sagte: »Das muß mein Sohn sein. Versucht bitte, ihn zu fangen, damit ich ihn zurückbekomme.«

In der nächsten Nacht waren die Wölfe wieder bei den Büffeln und fraßen, und der junge Mann war bei ihnen. Die Nachricht hatte sich durch das Lager verbreitet, daß er gesehen worden sei, und alle Leute gingen dort hinaus, wo sich die Fallgrube für die Büffel befand, und als der junge Mann fortlaufen wollte, hielten sie ihn fest. Er benahm sich sehr wild und versuchte sie zu beißen. Er hatte Wolfszähne bekommen. Lange wehrte er sich, aber als die Leute ihm sagten, daß sein Vater ihn zu sehen wünsche, wurde er schließlich ruhig. Nachdem sie ihn ins Lager gebracht hatten, versuchte er immer noch fortzulaufen, und sein Vater redete mit ihm und fragte ihn, wo er denn gewesen sei und warum er denn bei den Wölfen lebe. Da wurde er ruhiger, aber immer noch mußten die Leute ihn festhalten.

Die Wölfe gingen weinend heim und sagten, sie hätten ihren Sohn verloren, die Menschen hätten ihn gefangen. Als sie das auf dem Hügel erzählten, beschlossen alle Wölfe gemeinsam, am nächsten Tag für ihn in den Krieg zu ziehen.

Ein Wolf kam in die Nähe des Lagers und heulte. Er gab dem jungen Mann zu verstehen, daß alle anderen Wölfe wußten, was ihm widerfahren sei, und daß sie am nächsten Tag kommen, das Lager umstellen und angreifen würden.

Der junge Mann sagte zu den Leuten: »Der da heulte, hat etwas Schlimmes gemeldet. Es sind jene Leute, die mich zu ihrem Sohn gemacht haben. Morgen darf keiner von euch das Lager verlassen. Es sind zu viele von den Wölfen da, sie würden euch auffressen. Als ich damals mit meinem weißen Büffelfell auf dem Hügel saß, hat man mir übel mitgespielt. Ich war sehr zornig. Keiner ist gekommen, um nach mir zu schauen.«

Am nächsten Morgen wimmelte es im Lager nur so von Wölfen. Der junge Mann sagte: »Vater, die beiden Mädchen haben mir übel mitgespielt. Ich habe sie den Wölfen versprochen. Wenn ich sie den Wölfen vorgeworfen habe, werden sie wieder abziehen.«

Er bat darum, mit den Wölfen sprechen zu dürfen, aber sein Vater meinte: »Ja, aber sprich mit ihnen von hier aus.« Da heulte der junge Mann wie ein Wolf, und die Tiere zogen ab.

Schwarzer Wolf trat aus der Hütte. Sein Vater war bei ihm. Im Lager sahen sie die beiden Mädchen, die ihm den Streich gespielt hatten. Sie saßen da und gerbten Büffelfelle. Als er vorbeikam, hielten sie einander ängstlich umfangen.

»Vater«, sagte der junge Mann, »wenn du mir diese zwei Mädchen für meine Väter zum Fraß überantwortest, werde ich für alle Zeiten bei dir bleiben.« Er sagte: »Vater, laß uns in die Hütte zurückgehen.« Als sie eingetreten waren, sprach er: »Vater, gib mir zwei Pfeile.« Und als sie ihm der Vater gegeben hatte, ging er hin und tötete die beiden Mädchen. Er hieß den Vater, trockenes Fleisch in der Mitte des Lagers aufschichten zu lassen, und ein alter Mann gab den Leuten im Dorf davon als Ausrufer Kunde. Darauf hieß der junge Mann die Leute, das getrocknete Fleisch in vier Haufen zu teilen und die Haufen gegen die vier Himmelsrichtungen hin aufzuschichten. Darauf schnitt er jedes der beiden Mädchen in zwei Stücke und legte die vier Teile auf die vier Haufen. Er sagte nun seinem Vater, die Leute sollten ihre Hütten nicht verlassen, aber herausschauen könnten sie. Er werde jetzt die Wölfe rufen. Er heulte viermal, und die Wölfe erschienen im Lager.

Mit seinem Geheul sagte er zu ihnen: »Meine Väter, ich gebe euch Menschenfleisch zu fressen.«

Als die Wölfe fraßen, trat er unter sie. Er rief ihnen zu: »Jetzt seht ihr mich bei meinen vier Vätern!« Damit waren die vier weißen Wölfe gemeint. Seine vier Väter hielten sich immer dicht bei ihm.

Nachdem er ins Lager zurückgekommen war, sagte er zu seinem Vater: »Ich bleibe jetzt bei dir, aber nicht immer. Wann immer meine anderen Väter mich rufen, werde ich zu ihnen gehen, um ihnen etwas zu essen zu verschaffen. Nachdem ich einige Büffel für sie getötet habe, werde ich aber immer wieder heimkommen und einige Zeit bei euch leben.«

Der Schildkrötenmann

▲▲▲▲▲▲▲▲

Vor langer Zeit waren da einmal zwei Brüder. Der eine von ihnen war verheiratet. Die zwei Brüder samt der Frau des Älteren lebten zusammen. Der verheiratete Mann pflegte für das Wild zu sorgen, das sie als Nahrung brauchten.

Eines Tages, als er von der Prärie zurückkam und sich eine Weile ausgeruht hatte, sagte er zu seinem Bruder: »Ich habe heute ein Adlernest in einem Baum entdeckt. Laß uns hingehen und es ausnehmen, damit wir Adlerfedern bekommen.«

Der jüngere Bruder war gleich einverstanden.

Sie liefen lange Zeit flußaufwärts und kamen schließlich an einen abgestorbenen Baum, der am hohen Ufer wuchs und sich weit über den Fluß lehnte. Auf diesem Baum befand sich das Adlernest.

»Der Baum dort ist es«, sagte der verheiratete Bruder, »klettere hinauf und wirf die Jungen herunter. Wir nehmen sie dann mit heim.« Der Bruder tat wie ihm geheißen, und als er schon fast das Nest erreicht hatte, stemmte sich der andere Bruder gegen den Stamm. Da das Holz morsch war, brach der Stamm ab und stürzte in den Fluß. Der Bruder aber ertrank, und seine Leiche trieb im Wasser davon.

Der Verheiratete kehrte in sein Zelt zurück. Er und seine Frau packten rasch ihre Habe, und sie zogen zum Hauptlager. Seiner Mutter und den anderen Verwandten sagte der Mann, Feinde hätten seinen Bruder getötet. Er hingegen habe sich retten können.

Alle Verwandten des Jungen waren sehr betrübt und weinten.

An dem Fluß, der unter dem Adlernest vorbeifloß, lebte ein alter Mann – ein Unterwasserwesen – mit seiner Frau und zwei Töchtern. Der alte Mann besaß eine Büffelherde, die immer in der Nähe seines Lagers am Grund des Flusses graste.

Eines Tages nun gingen die zwei Mädchen an den Fluß, um zu baden, und während sie sich dort erfrischten, fanden sie den Toten auf einer Sandbank liegen. Sie rannten zu ihrem Vater und erzählten ihm von dem grausigen Fund.

»Ha«, rief der alte Mann, »so rasch darf man nicht aufgeben. Ich will versuchen, ob ich ihn heilen kann. Ich werde eine Schwitzhütte für ihn bauen. So bekomme ich einen Schwiegersohn.«

Er lief zum Fluß und fand den Toten. Er hieß seine beiden Töchter ihn in sein Zelt bringen. Dann bedeckte er die Leiche völlig mit Sand. Er baute eine Schwitzhütte, erhitzte Steine, goß Wasser darüber und sang ein heiliges Lied. In vier Schwitzhütten brachte der Alte den toten jungen Mann. Danach war dieser wieder gesund und munter.

Nun sagte der alte Mann zu seinen Töchtern:

»Bringt diesem Mann Nahrung, und wenn er die Speisen, die ihr ihm bringt, ablehnt, dann fragt ihn, was er anderes zu essen wünscht.«

Die Mädchen brachten ihm eine Schüssel voller Blutegel. Da rümpfte er die Nase. »So etwas kann ich nicht essen«, sagte er zu ihnen.

Da riet der alte Mann seinen Töchtern, auszugehen und bestimmte Pflanzen zu suchen. Aber als sie ihm diese als Nahrung anboten, sagte er wieder:

»Das kann ich nicht essen!«

Die Mädchen rannten zu ihrem Vater und klagten: »Die Pflanzen mag er auch nicht.«

Der alte Mann dachte nach und versuchte, darauf zu kommen, welche Speisen seinem Schwiegersohn wohl munden würden. Schließlich riet er den Mädchen: »Er soll selbst sagen, was er essen will!« Sie fragten ihn, und er antwortete: »Ich will Fleisch. Ich will Büffelfleisch essen!«

Der alte Mann tötete einen Büffel und brachte ihm das Fleisch des Tieres, aber wieder war der junge Mann nicht zufrieden.

Er sagte zu seinen beiden Frauen: »Meine Nahrung muß gekocht sein. Rohe Nahrung kann ich nicht zu mir nehmen.« Also machte der alte Mann ein Feuer, kochte das Fleisch, und nun aß es der junge Mann.

Nach einiger Zeit hatte der junge Mann einen Sohn, der wuchs heran, bis er ein großer Junge war.

Eines Tages sagte der Mann seinen beiden Frauen, er gehe nun auf die Jagd. Er wanderte den Fluß hinauf auf der Suche nach Wild, das er erlegen könne, und wie er dort so dahinging, sah er plötzlich jemanden auf einem Hügel stehen. Er lief um den Hügel herum und durch eine Senke und näherte sich vorsichtig von der anderen Seite. Als er nahe genug herangekommen war, sah er, daß seine Mutter dort stand. Schon vor langer Zeit war sie in die Hügel gekommen, um den Tod ihres Sohnes zu beklagen, den angeblich die Feinde getötet hatten.

Als der Mann sah, wer es war, zeigte er sich und ging zu ihr hin, und als sie ihn erkannte, war sie froh und nahm ihn mit heim. Sein älterer Bruder tat auch so, als freue er sich über seine Heimkehr. Doch dann erzählte der Totgeglaubte, was sein älterer Bruder ihm angetan hatte. Er erzählte seinen Verwandten auch von seinem Schwiegervater und von seiner Familie und sagte ihnen, er müsse wieder zu ihnen zurück. Aber die Mutter wollte ihn nicht gehen lassen.

Er aber wollte fort und hörte nicht auf, ihnen zu versichern, er müsse sich um seine Familie kümmern, einen anderen Ausweg gäbe es nicht. Schließlich sagte die Mutter, sie wolle mitkommen, damit sie ihren Enkel sehe. Also brachen sie, der Mann und ein jüngerer Bruder, zum Lager des Schwiegervaters auf. Als sie sich dem Fluß näherten, sahen sie von weitem dort zwei Zelte stehen, aber als sie näher kamen, wurden die Zelte immer kleiner und kleiner, bis sie schließlich völlig verschwunden waren. Als sie den Lagerplatz erreichten, stießen sie dort nur auf einige Schildkröten, die, so schnell sie nur konnten, ins Wasser verschwanden.

Der Mann bekam es mit der Angst zu tun, als er das sah. Er klagte um seine Frau und seinen Sohn, die ins Wasser verschwunden waren. Er sagte: »Ich muß hier bleiben und nach meiner Familie suchen.«

Die Mutter und der jüngere Bruder versuchten ihn zu überreden, wieder mit heimzukommen, aber er wollte nicht. Endlich gingen sie ohne ihn fort.

Lange Zeit wartete der Mann an dieser Stelle. Er klagte und weinte und jammerte nach seiner Frau und dem Jungen, von denen er annahm, sie seien unter dem Wasser. Er hatte nichts zu essen. Nachdem er drei Tage gehungert hatte, sah er etwas aus dem Wasser auftauchen. Er schaute genauer hin und erkannte, daß es der Kopf seines Sohnes war. Der Junge sagte:

»Vater, du mußt versuchen, mich im Wasser zu fangen. Wenn dir das gelingt, will dir der Großvater erlauben, mit unters Wasser zu kommen und bei deiner Familie zu wohnen. Wenn es dir aber nicht gelingt, mich zu fangen, werden wir für immer getrennt leben müssen.«

Danach saß der Vater am Ufer und ließ nicht davon ab, den Jungen zu beobachten. Hin und wieder kam eine kleine Schildkröte an Land, aber jedes Mal, wenn der junge Mann versuchte, sie zu fangen, war sie schon wieder im Wasser verschwunden.

Als die Schildkröte wieder einmal im Wasser verschwand, tauchte er und suchte nach ihr im Schlamm. Endlich, als er schon fast keine Luft mehr hatte, entdeckte er die Schildkröte, bekam sie mit den Händen zu fassen und versuchte dann aufzutauchen. Da aber ging ihm die Luft aus. Er wäre beinahe ertrunken, und in einem Augenblick der Bewußtlosigkeit ließ er die Schildkröte wieder los.

Dreimal ging das so, aber beim vierten Mal hielt er sie mit aller Gewalt fest. Diesmal erreichte er die Wasseroberfläche und hielt das Tier immer noch in den Händen. Er schwamm zum Ufer, hielt es weiter fest, redete auf es ein und hoffte, es werde ihm antworten, denn er wußte nicht: War das nun sein Sohn oder irgendeine andere Schildkröte.

Eine seiner beiden Ehefrauen, die Frau, die nun ihren Sohn verloren hatte, versuchte den Vater zu überreden, ihr den Ehemann zurückzubringen, aber der Alte war zornig und unternahm nichts. Der Mann hielt immer noch die Schildkröte fest und redete auf sie ein, aber das Tier gab keine Antwort. Er wagte nicht zu schlafen, weil er fürchtete, die Schildkröte werde ihm dann wieder entwischen.

Er saß da und hielt sie fest.

Nach vier Tagen redete die kleine Schildkröte zu ihm und sagte: »Vater, ich liebe dich. Ich möchte nicht, daß du ertrinkst.«

Der Vater antwortete: »Mein Sohn, ich werde hier bei dir bleiben. Ich werde hier bleiben, bis ich sterbe.«

»Ich will nicht, daß du stirbst«, sagte der Sohn, »und also werde ich dir zeigen, wie du meine Mutter wiederfindest.«

An einer bestimmten Stelle des Ufers erhob sich eine Felswand. Darunter war das Wasser besonders tief, und unten in der Wand befand sich eine Höhle. Der Sohn erklärte dem Vater:

»Halte dich an mir fest. Ich werde dich dorthin bringen, wo alle unsere Verwandten leben. Alle wohnen sie in dem tiefen Wasser unter dem Felsen.«

Der Mann tat, wie der Sohn ihn geheißen hatte. Sie tauchten und gelangten zu der Stelle, an der die Zelte standen.

Dort traf der Mann seinen Schwiegervater, seine beiden Frauen und ein sehr altes, grauhaariges Weib. Sie war sehr häßlich und trug zerschlissene Kleider. Alle saßen stumm da, außer dem Sohn. Der war so froh, seinen Vater wiederzuhaben, daß er herumsprang, schrie und großen Lärm machte.

Im Laufe der Jahre wurde der Sohn zum Mann. Er lernte zu jagen und Fische zu töten und ernährte so seinen Vater. Nach einer gewissen Zeit sagte der Vater zu seinem Sohn: »Sohn, ich würde gern noch einmal meine Leute besuchen, meinen Vater und meine Mutter.«

»Es ist recht«, sagte der Sohn, »geh nur zu ihnen.« Also schwamm der Vater an Land. Er fand das Lager des Stammes und lebte eine Weile dort.

Manchmal, wenn sie umherzogen, lagerten sie am Ufer, und jedesmal, wenn sie dort ihre Zelte aufstellten, verschwand der Mann. Sie suchten nach ihm, konnten ihn aber nicht finden. Es war ihnen nicht klar, daß sich seine Familie dort unter Wasser befand.

Einmal stieg der Mann wieder aus der Unterwasserwelt herauf und lief in die Prärie hinein, um zu schauen, ob seine Verwandten noch lebten. Als er ins Lager kam, sah er, daß es ein sehr großer Zeltkreis war. Er fragte nach seinem Vater und seiner Mutter. Man verständigte seine Eltern davon, daß ihr Sohn heimgekommen war. Sie kamen herbei und erkannten ihn.

Er zeigte ihnen, wie man eine Schwitzhütte baut. Und dies war die erste Schwitzhütte, die es bei den Cheyenne gab. Als er im Fluß ertrunken war, hatte dieser Mann den Namen Gefleckter Falke getragen, aber als er dann zu seinen Leuten zurückkam, nannte man ihn Schildkrötenmann.

Weil aber die Unterwasserwelt-Leute auch Büffel haben, legt man bis heute einen Büffelschädel vor die Schwitzhütte. Und die Schwitzhütte selbst hat die Form einer Schildkröte.

Aotzi No-otz – Siegeslied

▲▲▲▲▲▲▲▲

Das Lied erzählt vom Heiligen Bogen, den der Stamm durch das Große Geheimnis erhielt. Er wurde aus Buchsbaumholz hergestellt und war so heilig, daß er nie den Boden berühren durfte. Wenn der Stamm Lager bezog, wurde er an einen Baumstamm gehängt, wenn es keine Bäume gab, legte man ihn auf Büffeldung, denn der Büffel war bei den Cheyenne heilig. Niemand durfte den Bogen berühren außer dem Mann, der als sein Träger eingesetzt worden war.

Einst geschah es, daß kurz, ehe die Krieger zu einem Kriegszug ausrückten, ein junger Mann, der den Bogen trug, zu einem Mädchen kam, das er liebte. Er warnte sie: »Komm mir nicht zu nahe, denn ich trage den Heiligen Bogen.«

Dann kehrte er zum Kriegstrupp zurück und befand sich in der vordersten Reihe, als man dem Feind entgegenritt. Mitten beim Angriff verließ ihn der Mut, und er ritt mit seinem Pferd zur Seite. Als der Trupp nun zurückkehrte, feierte er seinen Sieg mit einem Tanz. Aber die Geliebte des jungen Mannes hatte von der Feigheit des jungen Mannes gehört. Sie rief den Tänzern zu: »Wartet noch, laßt mich erst ein Lied für euch singen!« Wütend, ihren Geliebten verspottend, sang sie:

Träger des Heiligen Bogens,
Träger des Heiligen Bogens.
Du solltest besser einen Ulmenbogen tragen.

Der junge Mann stand abseits dabei, denn als Träger des Bogens konnte er sich nicht unter die anderen mischen, weil sonst jemand zufällig hätte mit dem Bogen in Berührung kommen können. Als er den Vorwurf, der in diesem Lied steckt, vernahm, schämte er sich so sehr, daß er auf einen hohen Hügel stieg und dort wie ein Kind weinte.

Nai No-otz – Medizinlied

▲▲▲▲▲▲▲▲

Die Kraft zu heilen wurde Nahios-si bei einer Vision in der Nacht verliehen. Träumend stand er da und blickte gen Osten, als der Tag anbrach; ein Falke erschien und sagte zu ihm: »Ich bin zu dir gesandt mit einer Nachricht.«

Dann fragte Nahios-si den Falken: »Wer bist du?« Und der Falke antwortete: »Macha-Mahaiyu, das Große Geheimnis, hat mich zu dir gesandt. Er läßt dir ausrichten, daß du hinfort die Kraft besitzt, alle Arten von Krankheiten unter Weißen, Schwarzen, unter deinem eigenen Volk und unter Tieren zu heilen.«

Also kam durch den Falken Kraft und Wissen an Nahios-si, so auch dieses Lied des Falken, das hinfort Nahios-si singt, wenn er heilt.

Auf diese Weise wurde Nahios-si ein Medizinmann. Um die Krankheiten zu heilen, braute er einen Trank aus Wacholder und wildem Anis, wie es ihm der Falke mitgeteilt hatte. Dieses Getränk hat große Heilkraft. Nahios-si bleibt die ganze Nacht am Lager des Kranken und singt das Heilungslied bis kurz vor Sonnenaufgang:

> »Bei Nacht gehe ich meinen Weg ungesehen.
> Dann bin ich heilig.
> Dann habe ich Kraft, Menschen zu heilen.«

Wihio verliert seine Haare

▲▲▲▲▲▲▲▲

Eines Tages ging Wihio umher, als er zwei junge Frauen dasitzen sah. Er ging zu ihnen hin, er sprach zu sich selbst: »Ha, hier sind meine Nichten.« Er hatte sie nie zuvor gesehen, und er wußte in Wirklichkeit gar nicht, wer diese Mädchen waren. Da sagte er zu ihnen: »Meine Nichten, ich freue mich, euch zu sehen. Ich habe Läuse im Haar. Ich möchte, daß ihr sie mir absucht.« Also legte er sich hin, und jede setzte sich auf eine Seite und suchte nach Läusen. Während sie das taten, schlief er ein, und derweil steckten ihm die Mädchen Kletten ins Haar, soviel wie sie nur finden konnten. Dann standen sie auf und gingen fort. Nach einiger Zeit erwachte Wihio und fand, daß er den Kopf voller Kletten hatte. Er versuchte, sich ins Haar zu greifen, aber die Kletten piekten ihn in die Finger. Unwillig ging er nach Haus. Während er so dahinlief, sah er eine Maus durch das Gras rennen.

Wihio sprach: »Halt, Neffe. Ich muß dich eine Minute sprechen.«

Die Maus kam zu ihm gerannt und sagte: »Was willst du denn von mir?«

Wihio erwiderte: »Ich habe das Haar voller Kletten. Würdest du bitte mir alle Haare abnagen.« Er legte sich hin, streckte sich am Boden aus, und die Maus, nicht faul, nagte soviel von seinem Haar ab, bis er völlig kahlköpfig war. Als Wihio aufstand und den großen Haufen Haare voller Kletten liegen sah, sagte er erleichtert: »So ist es gut. Ich fühle mich auch schon viel besser!« Er ging zu seiner Hütte, und als seine Frau herauskam, um ihn zu besuchen, rief sie entsetzt: »Was ist denn mit dir geschehen?« und schlug ihn auf den Rücken. Wihio rief: »Warte, prügle mich nicht. Ich habe eine sehr schlimme Geschichte gehört. Ich hörte, ihr wäret alle tot, und vor Kummer habe ich mir alle Haare ausgerauft. Es brachte mich nahezu um, als ich hörte, daß daheim alle tot seien!«

Die Pfeile des Medizinmannes

▲▲▲▲▲▲▲▲

Ein Mann, der große Macht besaß, kam einmal den Bach
herunter. Als er zu einem großen Baum gelangte, hielt er
inne und sah ihn sich an. Er war gerade. Er hatte nicht viel
Äste. Da trat er dagegen und fällte den Baum. Er mußte
nur einmal gegen den Baum treten, und schon lag der
Baum am Boden. Er machte das so bei den besten Bäumen,
an die er gelangte.
Wihio kam des Weges und sagte zu ihm: »Warum wirfst du
die besten Bäume um, mein Bruder?« Der Mann antwor-
tete nicht, fuhr aber damit fort, die Bäume umzustoßen.
Wihio faßte ihn am Arm und sagte: »Das darfst du nicht
tun.«
Der Mann erwiderte: »Ich hole mir meine Pfeilstöcke.
Bald gehe ich auf den Kriegspfad. Da brauche ich gute,
gerade Pfeile.«
Wihio sagte: »So große Bäume lassen sich doch nicht für
Pfeile benutzen. Hör auf damit, sie umzuwerfen.« Nun
war dieser Mann aber ein Medizinmann, und er sprach:
»Misch dich nicht ein. Ich habe dir doch gesagt, daß ich
Pfeilstöcke brauche.«
Wihio sprach: »Wenn das Pfeilstöcke sein sollen, dann
kannst du ja mal mit einem auf mich schießen.«
Der Medizinmann sagte: »Gut, geh dort hinüber und stell
dich da hin.«
Wihio lief ein Stück, eben so weit, wie ein Pfeil gewöhnlich
trägt, blieb stehen, aber der Medizinmann rief ihm zu, er
solle noch weiter gehen. Wihio hielt viermal inne, und
jedesmal rief der Medizinmann, er sei noch zu nahe.

Schließlich kam Wihio auf die Kuppe eines großen Hügels. Da griff sich der Mann einen der Bäume, richtete das Wurzelende gegen Wihio und warf ihn. Er brauchte nicht einmal einen Bogen. Der Baum flog auf Wihio zu, und wie er herankam, machten die Blätter ein Geräusch wie das des Windes. Wihio sah den Baum kommen, denn er kam ganz langsam daher. Er versuchte sich zu bücken, aber der Baum folgte seinen Bewegungen. Wihio rannte zu einem Loch und wollte hineinkriechen, aber das Loch war zu eng, und er konnte nur seinen Kopf hineinzwängen. Der Baum schlug ein und riß seinen Körper fort. Nur der Kopf steckte noch in dem Loch. Der Mann kam zu der Stelle, an der der Kopf lag. Der Rumpf lag ein Stück davon entfernt.

Wihios Kopf sprach: »Hab Mitleid mit mir und setze mich wieder auf den Rumpf.« Der Mann erwiderte: »Ich werde dich heilen. Ich wollte dir nur einmal zeigen, daß ich tatsächlich mit Bäumen schießen kann«, und darauf setzte er den Kopf wieder auf die Schultern. Wihio war geheilt.

»Du bist wirklich ein guter Schütze«, sagte er anerkennend.

Wihio und der Coyote

▲▲▲▲▲▲▲▲

Da war ein Bach, der floß durch flaches Land, und Wihio ging am Ufer entlang. Er schien von weit her zu kommen, denn er sah müde aus. Auf seinem Rücken trug er einen Sack.

Schließlich kam er durch ein Dorf der Präriehunde. Die Hunde standen alle vor ihren Löchern oder fraßen nahebei.

Einer von ihnen rief Wihio an: »Freund, wohin gehst du?«

Der Mann antwortete: »Ich gehe ins Oberland. Dort will ich für die Leute singen.«

»Was hast du in deinem Bündel?« fragte der Hund.

Wihio sagte: »Darin trage ich meine Lieder mit mir herum.«

Einer der Hunde rief: »Komm hier herüber und singe für uns.«

»Nein«, erwiderte Wihio, »ich bin in Eile. Ihr haltet mich auf. Ich habe noch einen langen Weg vor mir, bis es dunkel wird.«

Der Hund sagte: »Ach was, komm her und singe für uns.«

»Nun«, sagte der Mann, »eine Weile will ich gern für euch etwas singen, damit ihr tanzen könnt.«

Wihio hieß sie sich im Kreis aufstellen. Dann wählte er einen unter ihnen aus und stellte ihn neben einen zweiten, damit immer ein Paar zusammen tanzte.

Jene, die er ausgewählt hatte, waren die Fettesten von allen. Er sagte zu den Hunden: »Während ihr jetzt tanzt, müßt ihr die Augen geschlossen halten. Wehe, ihr macht die Augen auf. Ihr dürft mich nicht anschauen.«

Dann begann er zu singen, und sie tanzten. Er nahm sein Bündel ab, öffnete es, holte eine Keule heraus, und als die Hunde so tanzten, schlug er jedesmal den Fettesten nieder, der an ihm vorbeikam. Ein Hund blieb schließlich noch übrig. Er tanzte immer noch und wagte es nicht, die Augen zu öffnen. Als er nun aber die Schritte der anderen nicht mehr hörte, streckte er seine Pfoten aus. Aber da war niemand. Er machte die Augen auf und sah, daß alle anderen tot waren.

Da rief er: »Oh, er hat alle getötet!«

Darauf stürzte er schnell davon und kroch in sein Loch.

Wihio brachte die Hunde hinunter zum Bach. Er machte Feuer, sengte ihnen das Fell ab und briet sie dann. Er hatte ein großes Festessen dort. Und als er sie alle aufgegessen hatte, nahm er sein Bündel wieder über die Schultern und ging weiter den Bach hinauf. Er kam um eine Biegung, lief über eine Sandbank und gelangte an eine Stelle, an der Enten herumschwammen. Er tat so, als sehe er sie nicht.

Als er vorüber war, sagte eine der Enten zu den anderen: »Dort geht Wihio«, und sie riefen ihn herbei.

Wihio blieb stehen, sah sich um, und eine der Enten fragte: »Was trägst du da auf deinem Rücken?«

Der Mann antwortete: »Dies sind meine Lieder.« Eine der Enten fragte ihn, ob er nicht etwas bleiben und für sie singen wolle.

»Nein«, sagte Wihio, »ich habe noch einen langen Weg vor mir. Ich muß noch für andere Leute singen.«

»Oh«, sagte die Ente, »sing nur eben zwei Lieder für uns, das wird nicht allzu lange dauern.«

Er wandte ihnen wieder den Rücken zu und sprach: »Nun gut, ich werde für euch singen. Kommt hier her, wo es eben ist. Hier könnt ihr besser tanzen.«

Die Enten waren so froh, daß er bereit war, für sie zu singen, daß sie sich zu der ebenen Stelle in einiger Entfernung vom Wasser locken ließen. Wihio sprach: »Jetzt müßt ihr euch im Kreis aufstellen.«

Er nahm sein Bündel vom Rücken und öffnete es. Er sagte: »Ihr müßt alle mit geschlossenen Augen tanzen. Wenn ihr die Augen beim Tanzen aufmacht, werden sie sich entzünden.«

Dann sang er, und die Enten fingen an zu tanzen, und während sie an ihm vorbeitanzten, schlug er immer einer mit seiner Keule über den Schädel, zog sie aus dem Kreis und dann noch eine und noch eine. Dazwischen rief er den anderen zu: »Tanzt nur, tanzt.«

Ein kleiner Erpel war neugierig, er öffnete seine Augen nur ein bißchen, und als er sah, was Wihio da tat, rief er aus: »Oh, er tötet uns alle!«

Da rannte er mit den Enten, die noch übrig waren, zum Bach. Sie sprangen ins Wasser und verschwanden. Wihio aber sagte bei sich: »Denen will ich beibringen, sich Lieder und Tänze zu wünschen. Ich werde sie auffressen.«

Er sammelte die erschlagenen Enten ein und brachte sie an eine Stelle, an der es schattig war. Dort machte er sie fertig zum Kochen. Nachdem er sie gesäubert hatte, steckte er sie an grüne Stöcke, um sie über dem Feuer zu braten, und eine ganz fette verscharrte er in der Asche und sprach: »Die hebe ich mir für zuletzt auf.«

Ein Stück weit fort schlich ein Coyote umher, der roch den Duft, und er wußte es einzurichten, daß ein kleiner Wind aufkam, gerade genug Wind, um die Bäume zu bewegen. Zwei Zweige der Bäume, unter denen Wihio saß, schabten aneinander, und als der Wind blies, gaben sie einen schrillen Laut von sich.

Wihio rief den Bäumen zu: »Was habt ihr denn miteinander zu streiten. Hört auf damit.« Das Geräusch hielt an, und zwei- oder dreimal redete Wihio auf die Bäume ein, am Ende stand er auf, um das abzustellen.

Er erstieg einen der Bäume und kletterte bis zu den beiden Zweigen, die aneinander schabten, und sprach: »Warum streitet ihr Bäume? Hört auf.«

Er legte seine Hand zwischen die beiden Zweige und versuchte, sie auseinanderzudrücken, aber sie preßten sich zusammen, und er konnte die Hand nicht rasch genug wegziehen. Wie er da nun auf dem Baum gefangen saß, sah er den Coyoten über den Hügel kommen, Ausschau haltend und schnüffelnd.

Wihio sprach zu den Bäumen: »Laßt mich jetzt gehen. Er wird mein Essen auffressen.« Aber die Bäume gaben keine Antwort, noch bewegten sie sich.

Als der Coyote näher kam, rief Wihio ihm zu: »Schnüffel hier nicht herum. Von mir bekommst du nichts zu fressen.«

Der Coyote kam noch näher, und Wihio sprach zu den Bäumen: »Laßt mich gehen! Laßt mich herunter. Er wird mein Essen stehlen.« Die Bäume hielten ihn fest.

Der Coyote kam noch näher an das Feuer, und wieder rief Wihio ihm zu: »Fort mit dir, Kleines Gesicht. Von mir bekommst du nichts.«

Als der Coyote das hörte, kam er schneller näher, und als er am Feuer war, fraß er alles auf, was er dort fand. Wihio mühte sich damit ab, freizukommen, aber es gelang ihm immer noch nicht. Ehe der Coyote alles aufgefresssen hatte, rief er ihm zu:

»Iß doch nicht alles. Du hast doch genug gehabt.«

Die Ente, die in der Asche verscharrt war, hatte Wihio mit Fleisch gefüllt, fein geschnittenes Fleisch, er hatte sich vorgestellt, wie gut das schmecken werde. Er rief dem Coyoten zu: »Jetzt hast du den ganzen Rest aufgegessen. Laß wenigstens übrig, was in der Asche liegt.«

Als der Coyote das hörte, holte er auch noch die Ente aus der Asche, aß alles Fleisch, mit dem sie gefüllt war, und tat statt dessen trockne Asche hinein. Dann verscharrte er sie wieder und lief fort.

Endlich gelang es Wihio freizukommen, denn jetzt ließen die Bäume ihn gehen. Er kletterte hinunter und ging zum Feuer. Er sah, daß all sein Fleisch fort war. Aber er sprach zu sich selbst:

»Der Schurke hat das beste Stück gewiß nicht gefunden«, und er grub in der Asche nach der Ente, die dort verscharrt war. Er nahm einen großen Bissen davon, spuckte ihn aber sofort wieder aus, denn er hatte den Mund voller Asche bekommen. Er sprach zu dem Coyoten, der aber nicht mehr da war:

»Du hast mich schlecht behandelt, wenn ich dich finde, werde ich dich töten.«

Er war entschlossen, den Coyoten zu bestrafen und ihn zu fangen. Also verfolgte er dessen Fährte. Endlich holte er ihn ein und fand ihn schlafend an einem sonnigen Abhang, denn der Coyote hatte einen vollen Bauch, war müde geworden und hatte sich niedergelegt.

Wihio ging zu dem Coyoten hin und sprach: »Da liegt ein Bursche mit einer scharfen Nase. Ich will ihn töten und aufessen. Aber wie soll ich ihn töten? Wenn ich ihn in die Rippen stoße, verderbe ich damit das Fleisch. Wenn ich ihn über den Schädel schlage, verderbe ich den. Wenn ich ihn zu Tode erschrecke, wird das auch nicht gut sein.«

So überlegte er.

Während er so mit sich selbst sprach, war der Coyote in Wirklichkeit wach. Mit zusammengekniffenen Augen lag er da und beobachtete Wihio. Während der immer noch überlegte, wie er ihn töten solle, sprang der Coyote plötzlich auf und rannte fort. Wihio sagte: »Diesmal bist du mir noch entwischt. Wenn ich dich das nächste Mal erwische, ist es um dich geschehen.« Wieder verfolgte er die Fährte des Coyoten, und als er ihn eingeholt hatte, fand er ihn unter einem Stoß Treibholz schlafend daliegen. Er gab ihm alle bösen Namen, die er kannte, und dann überlegte er, wie er ihn töten solle.

Er sagte wieder: »Möchte doch wissen, ob ich ihn nicht töten kann, ohne ihm eine Verwundung beizufügen. Wenn ich ihn im Wasser ertränke, wird das den Braten verderben. Wenn ich ein großes Feuer anzünde und ihn hineinwerfe, wird er zu Asche verbrennen, und ich kann den Braten auch nicht essen.«

Unterdessen war der Coyote aufgewacht, regte sich aber nicht. Er lag da und tat so, als ob er fest schlafe. Wihio nahm von dem Treibholz, entzündete ein großes Feuer, er nahm den Coyoten an allen vier Beinen und sprach: »Wenn ich ihn zu fest in das Feuer werfe, wird ihn das verletzen. Ich will ihn vorsichtig hineinlegen.« Er ging zu dem Feuer, senkte den Coyoten vorsichtig herunter gegen die Glut hin, der aber machte plötzlich eine gewandte Bewegung, kam frei und war auf und davon. Er schwamm über den Fluß, und als er drüben war, winkte er Wihio noch einmal vergnügt zu.

Erzählungen der Pawnee

▲▲▲▲▲▲▲▲

Ti-ke-wa-kusch oder
Der Mann, der die Büffel rief

▲▲▲▲▲▲▲▲

Dies geschah in der alten Zeit, ehe die Indianer die Weißen getroffen hatten. Damals lebten verschiedene Stammesgruppen in getrennten Dörfern. Die Hütten waren aus Lehm. Die Gruppe der Kit-ke-hahk'-i zog aus auf Winterjagd nach dem Büffel. Zu dieser Zeit fanden sie in der Nähe keine Büffel. Sie suchten in allen Richtungen, aber sie konnten keine Spuren von Tieren entdecken. Es war eine Zeit des Hungers. Die Kinder weinten, und die Frauen riefen: »Sie haben nichts zu essen.«

Einer aber war, den rührte es ans Herz, als die Kinder nach etwas zu essen schrien. Er sprach zu dem Oberhäuptling:

»Befiehl du den anderen Häuptlingen und Männern, sie sollen tun, was ich ihnen sage. Mein Herz ist krank, wenn ich an die Leiden der Menschen denke. Vielleicht vermag ich ihnen zu helfen. Laß eine neue Hütte errichten, außerhalb des Dorfes. Dort wollen wir uns treffen. Ich will versuchen, etwas zu unternehmen, ehe alle vor Hunger sterben.«

Der Oberhäuptling lobte diesen Mann und gab seine Anweisungen.

Als sie nun die Hütte bauten, fiel auf, daß der Mann nicht im Dorf war. Er pflegte am Abend rasch wie der Wind zu verschwinden und kam erst zu Tagesanbruch wieder zurück.

Manchmal bei Tage, wenn dieser Mann in seiner eigenen Hütte saß, griff er hinter sich und holte ein kleines Stück Büffelfleisch hervor, manchmal fett, manchmal mager. Er reichte es jemandem und sprach: »Wenn du genug haben solltest und noch etwas übrigbleibt, gib es an jemanden weiter, der auch hungrig ist.«

Wenn dann einer so ein winziges Stück Fleisch erhielt, dachte er: »Das ist doch nicht genug, um meinen Hunger zu stillen«, aber wenn er gegessen hatte davon, war er bald gesättigt. Immer blieb noch etwas übrig, um es weiterzugeben.

In jenen Zeiten war es üblich, daß der Oberhäuptling des Stammes hin und wieder durch das Dorf ritt. Er sprach dann mit den Leuten, gab ihnen gute Ratschläge und schlichtete kleinere Streitigkeiten.

Bei seinem nächsten Rundritt erzählte der Oberhäuptling also den Leuten, was dieser Mann versuchen wollte.

Die Leute waren froh. Sie kamen und wollten dem Mann viele Geschenke machen – Otternhäute und Adlerfedern.

Er dankte ihnen, und als sie alle zusammenkamen, sprach er zu ihnen so: »Nun, ihr Häuptlinge, ihr Ältesten und Leute des Stammes, ihr habt gut daran getan, mir all diese Dinge zu geben. Ich werde sie an das Wesen, das mir Kraft verliehen hat und sich meiner erbarmt, damit ich mich euer erbarmen kann, weiterreichen. Zunächst sollt ihr noch einmal vier Tage hungern. Danach wird Hilfe kommen.«

Während dieser vier Tage und Nächte verschwand der Mann wieder, aber er kam immer in derselben Nacht wieder zurück. Er sagte den Leuten, er sei weit fort gewesen, so weit, daß gewöhnlich ein Mensch für die Entfernung drei oder vier Tage brauche. Als er in der vierten Nacht zurückkam, kündigte er den Leuten an, daß die Büffel nun nahe seien.

Er stieg auf den Hügel nahe dem Dorf. Er opferte einige Adlerfedern, eine blaue Perle und etwas indianischen Tabak, und dann kehrte er ins Lager zurück.

Er sprach zu den Leuten: »Wenn etwas zu dem Opferplatz kommt, stört es nicht, jagt es nicht fort. Bleibt stehen und schaut hin.«

Am nächsten Morgen bei Tagesanbruch kamen alle Leute aus ihren Hütten und schauten zu diesem Hügel und dem Opferplatz dort. Während sie da standen, kam ein großer Büffel über den Hügel zu der Stelle. Er verweilte dort kurze Zeit, sah sich um und lief dann den Hügel hinab und galoppierte am Dorf vorbei.

Da sprach dieser Mann zu den Leuten: »Das war es, was ich gemeint habe. Das war der Anführer der Büffel, wohin er läuft, dorthin wird die ganze Herde ihm folgen.«

Er schickte seinen Diener zu den Häuptlingen und hieß sie vier Jungen auswählen und diese auf die Spitze des Hügels schicken. Das geschah, und darauf kamen die Jungen aufgeregt zurück. Sie gingen zu der Hütte des Häuptlings und sagten zu dem Häuptling, der dort saß: »Hinter dem Opferplatz ist eine ganze Herde im Anzug, sie drängen und stoßen einander nur so.«

Wie es üblich war in diesen alten Zeiten, ritt der Häuptling darauf im Dorf umher und befahl allen, sich für die Jagd fertigzumachen. Er sagte zu ihnen auch: »Laßt nichts draußen zurück. Bringt alles ins Lager, nicht nur Fleisch und Häute, sondern auch Beine und Köpfe und alle Teile. Bringt die besten Fleischstücke zuerst herein, und tragt sie in die neue Hütte, damit wir dort ein Fest feiern.«

So hatte es nämlich der Mann angeordnet.

Die Büffel kamen über den Hügel, und die Leute waren bereit, und sie kreisten die Büffel ein. Sie töteten so viele, wie sie konnten, und brachten sie dann ins Lager. Jeder Mann brachte sein Rippenstück und ließ es in der besagten Hütte. Die anderen Teile brachten sie ins Dorf, wie man sie geheißen hatte. Dann kehrten sie zu der Hütte zurück, blieben dort vier Tage und vier Nächte. Die Rippen wurden gebraten, und sie ließen es sich schmecken. Der

Mann erklärte ihnen, es werde drei Jagden geben, und sie sollten dabei soviel Fleisch holen, wie sie nur irgend konnten. »Aber«, sagte er, »wenn ihr die Büffel erlegt, müßt ihr darauf achten, daß alles Fleisch mitgenommen wird. Tira'wa mag Menschen nicht, die Büffelfleisch verschwenden. Aus diesem Grund rate ich euch: Zieht guten Nutzen aus eurer Jagdbeute.«

In den Nächten, in denen sie feierten, pflegte der Mann wieder fortzugehen.

In der vierten Nacht sagte er zu den Leuten: »Morgen kommt der Büffel wieder, und ihr könntet wieder auf Jagd gehen. Aber seid vorsichtig und tötet nicht das gelbe Kalb, das ihr bei der Herde finden werdet, und verschont auch die Mutter.«

Das war im Winter, und doch hatte das Kalb dieselbe Farbe wie die jungen Kälber, die im Frühjahr geboren werden.

Also zogen sie auf die Jagd und ließen das Kalb und dessen Mutter am Leben.

Die Männer begriffen nun, was sie an diesem Mann hatten. Er war wirklich großartig. Er hatte für den Stamm viel getan, und sie gaben ihm die besten Pferde zum Geschenk, die sie besaßen. Er dankte ihnen, aber die Geschenke wollte er nicht annehmen. Der Stamm glaubte, er habe dieses Wunder vollbracht, er habe die Büffel herbeigeschafft, und alle waren bereit, alles zu tun, was er sagte.

Bei den ersten beiden Jagden töteten sie viele Büffel und machten auch Fleisch zum Trocknen. Alle ihre Säcke waren voll, und das getrocknete Fleisch wurde sogar vor den Türen der Hütten aufgeschichtet. Nach der zweiten Jagd feierten sie wieder ein Fest.

Nach vier Tagen, als sie zum dritten Mal auszogen, um auf Büffel zu jagen, schlug der Wind um, und ehe die Leute an die Herde herangekommen waren, witterten die Tiere sie und stoben in wilder Flucht davon. Während sie davongaloppierten, rannte der Mann auf die Spitze des Hügels zu dem Opferplatz. Er trug eine Stange bei sich, an der befestigte er das Fell eines jungen Fuchses. Als er sah, daß die Büffel rannten und daß die Leute sie nicht erlegen konnten, schwenkte er das Fell an der Stange und rief: »Ska-a-a-a!« Da machten die Büffel auf der Stelle kehrt und kamen zurück. Mitten durch die Schar der Jäger hindurch stürmten sie. Und die Leute konnten viele von ihnen töten. Er wollte den Leuten zeigen, daß er Macht besaß über die Büffel.

Nach der dritten Jagd hatten sie Fleisch in Hülle und Fülle, und er rief die Häuptlinge zusammen und sprach: »Nun, seid ihr jetzt zufrieden?« Sie sagten: »Wir sind mehr als zufrieden. Wir danken dir, daß du mit uns Mitleid gehabt und uns geholfen hast. Durch dich ist der Stamm vor dem Verhungern bewahrt worden.«

Er sagte: »Ihr werdet noch eine Jagd machen, und das wird das Ende sein. Ich will, daß ihr alles nehmt, was ihr bekommen könnt. Tötet so viele Tiere wie nur irgend möglich, denn dies werden die letzten Büffel in diesem Winter sein. Jene Geschenke aber, die ihr mir gemacht habt und die ich nicht annehmen kann, werdet ihr bitte alle wieder mitnehmen.«

Einige der Leute wollten ihre Geschenke nicht zurücknehmen und bestanden darauf, daß er sie behielt, und am Ende war er damit einverstanden.

Die vierte Jagd kam. Die Leute töteten viele Büffel und nahmen alles Fleisch. Aber in der Nacht nach dieser letzten Jagd verschwand der Mann und trieb die Büffel zurück. Am nächsten Morgen hieß er die Leute sich umsehen und fragte sie, ob sie etwas sähen. »Ja«, sagten sie, »aber keine Büffel.«

Am folgenden Tage verlegten sie ihr Lager und zogen nach Osten, ihrer Heimat zu. Sie hatten so viel trockenes Fleisch, daß sie nicht alles auf einmal mitnehmen konnten, sondern noch einmal zurückkommen mußten, um den Rest zu holen. Als sie nach Osten zogen, hatten sie kein frisches Fleisch, nur getrocknetes, aber manchmal, wenn der Mann von seinen Ausflügen zurückkam, brachte er ihnen ein Stück Fleisch, ein kleines Stück, und teilte es unter den Leuten auf, und sie warfen es in ihre Kessel und kochten es. Jeder aß, und trotzdem konnten sie nicht alles aufessen. Es blieb immer noch etwas übrig. Dieser Mann war so wunderbar, daß er selbst Büffeldung auf der Prärie in Fleisch verwandeln konnte. Er sammelte den Dung in seine Decke, und wenn er die Decke wieder aufschlug – siehe da, da war daraus tup-o-har'asch (Pemmikan) geworden.

Der Mann war nicht verheiratet. Er war ein junger Mann, und mit der Zeit hielten ihn die Leute für den besten Mann des Stammes und hätten es gern gesehen, wenn er geheiratet hätte. Sie gingen zu einem der Häuptlinge und erklärten ihm, sie hätten ihn zum Schwiegervater dieses Mannes ausersehen, denn sie wollten, daß der Mann Nachkommen habe, zum Nutzen des Stammes. Die alten Leute sagten auch, es werde gut sein, wenn er Kinder habe, aber er hatte keine. Hätte er Kinder gehabt, so hätten sie vielleicht dieselbe Macht besessen wie ihr Vater.

Dieser Mann rief die Büffel zweimal, und zweimal rettete er den Stamm vor einer Hungersnot. Das zweite Mal war das Elend furchtbar. Sie hielten einen Rat und baten ihn, dem Stamm zu helfen. Sie stopften die Pfeife, hielten sie ihm hin und baten ihn, doch Mitleid mit ihnen zu haben. Er nahm die Pfeife, zündete sie an und rauchte. Dann wußte er es einzurichten, daß alles wieder so geschah wie beim ersten Mal. Sie gingen viermal auf die Jagd und bekamen viel Fleisch.

Als dieser Mann starb, trauerten die Leute lange.

Der Häuptling ritt durch das Dorf und rief: »Ich bin ganz irr im Sinn, weil dieser Mann gestorben ist. Er hatte Mitleid mit uns. Er rettete den Stamm. Nun ist er tot, und keiner ist unter uns, der ihm gleicht.«

Dies ist eine wahre und heilige Geschichte, wie sie unter der Stammesgruppe der Kit-ke-hahk'-i erzählt wird. Sie ist wirklich geschehen, vor langer Zeit, und wird weitererzählt vom Vater dem Sohn.

Pa-hu-ka-tawa

▲▲▲▲▲▲▲▲

Gegen Ende des Winters, ehe das Gras zu wachsen begann, brach eine Gruppe von drei Brüdern und zwei anderen Männern aus dem Dorf auf, um Biber zu fangen. Als sie an die zehn Tage unterwegs waren und sich an der Gabelung des Loup River befanden, kampierten sie an dem Südarm, und am Morgen sandten sie einen Mann aus, der sollte sehen, ob er irgendwo Spuren von Bibern finde und ob dies ein gutes Jagdrevier sei.

Als er ein Stück vom Lager weg war, sah er einige Sioux, und im selben Moment sahen auch sie ihn. Er lief nicht zurück ins Lager; er war darauf bedacht, vor allem sich selbst zu retten. Er rannte also durch den kleinen Bach und verbarg sich unter Gestrüpp, ohne seine Brüder davor zu warnen, daß der Feind in der Nähe war. Die Sioux folgten ihm und jagten ihn, sie schossen auf ihn den ganzen Tag. Und endlich bei Sonnenuntergang töteten sie ihn. Die vier anderen Männer waren im Lager geblieben, aber sie hörten die Schreie und das Geheul. Da rannten sie aus dem Lager fort, versteckten sich und warteten zu. Als der andere Mann nicht zurückkam, wußten sie, daß er getötet worden sein mußte.

Am nächsten Morgen sprachen die vier miteinander. Einer sagte: »Wir sollten besser nachsehen gehen, ob er wirklich tot ist.« Ein anderer sagte: »Ja, laß uns nachsehen. Vielleicht können wir ihn begraben.« Also gingen sie dorthin, wo sie ihn vermuteten, sehr vorsichtig. Sie schauten über alle Hügel hin, um den Feind zu entdecken, wenn er in der Nähe sei.

Sie fanden ihren Bruder. Er war tot. Sein Körper steckte voller Pfeile, der Feind hatte den Toten skalpiert, ihm Hände und Beine abgeschlagen, den Kopf vom Rumpf getrennt; alles war in Stücke gehauen. Sie sagten sich, da sei nicht mehr viel zu beerdigen. Außerdem bleiben jene, die im Kampf gefallen sind, ohnehin meist unbeerdigt. Also kehrten sie in das Dorf zurück, und als sie in die Nähe kamen, rief einer der Männer aus: »Pa-hu-ka-tawa ist getötet worden.« Er rief es, damit es die Leute wüßten und anfingen zu trauern.

Als sie ins Dorf hineinkamen, ging es den Verwandten des Mannes sehr elend, weil er getötet worden war. Es ging auf die Zeit zu, da die kleinen Felder bestellt werden, da man Mais pflanzt und ihn hacken muß, und sein Vater und seine Mutter klagten und sprachen: »Jetzt haben wir keinen, der uns bei dieser Arbeit hilft. Wir sind alt. Bisher hat er uns geholfen. Aber jetzt ist er tot.« So klagten sie um ihn.

Es verging einige Zeit, bis sie wieder zu der Stelle gingen, an der er getötet worden war. Es war unterdessen Frühling geworden, und sie pflanzten und hackten den Mais, und als sie mit ihrer Arbeit fertig waren, brach der ganze Stamm zur Sommerjagd nach Büffeln auf, wie es Gewohnheit war.

Sie zogen den Loup hinauf, und als sie mehrere Tage gereist waren, kamen sie in die Nähe der Stelle, an der der junge Mann umgekommen war. Da gingen Vater und Mutter und all seine Verwandten hin und wollten seine Gebeine einsammeln und sie begraben. Aber sie konnten keine Knochen entdecken, nur die Pfeile, die aus der Erde ragten, und zwar waren es alle Pfeile, die in seinem Leib gesteckt hatten. Sie wunderten sich, daß sie nicht umgefallen waren, denn sie stellten sich vor, daß die Wölfe die Leiche zerrissen hätten. Aber eben, wie sie nach den Knochen suchten, ließ sich kein einziger finden. Das kam ihnen merkwürdig vor, und sie überlegten, wo wohl die Knochen hingekommen sein mochten. Endlich gaben sie es auf und kehrten ins Lager zurück. Der Stamm zog weiter, er jagte auf Büffel, tötete viele Tiere, und man machte getrocknetes Fleisch. Nach zwei Monaten zogen sie wieder zum Dorf zurück, den Platte River abwärts. Seine Mutter hatte soviel um Pa-hu-ka-tawa geweint, daß sie blind geworden war.

An einem schönen Nachmittag lagerten sie am Platte. Der Abend war warm, weich und still. Als die Sonne unterging, schien es so, als kämen ihre Strahlen aus der Erde selbst. In der Luft hing ein leichter Rauch, und im Westen war der Himmel gerötet. Gerade als die Sonne hinter dem Horizont verschwand, hörten die Leute eine Stimme von der anderen Seite des Flusses rufen. Sie horchten. Und die Stimme sagte: »Pa-hu-ka-tawa ist zu euch zurückgekommen.« Da sprangen sie alle auf und rannten zum Fluß, um ihn zu begrüßen. Als sie auf das andere Ufer hinüberkamen und sich umsahen, war da aber niemand. Jetzt hörten sie eine Stimme hinter sich, nämlich auf der anderen Seite des Lagers, die sagte: »Von hier wird er kommen.« Sie wandten sich um und rannten dorthin, aber da war niemand.

Nach einer Weile sagte wieder eine Stimme auf der anderen Seite des Flusses: »Er kommt.«

Da begriffen sie, daß es nur eine Stimme war, keine Person. Sie hörten auf herumzurennen und sprachen in dieser Nacht über die Stimme. Am nächsten Tag zogen sie den Fluß hinunter und gelangten endlich wieder in ihr Dorf. Dort blieben sie sechs Monate, und mit der Zeit war alles getrocknete Fleisch aufgegessen, und es ging gegen das Ende des Frühjahrs.

Die Mutter von Pa-hu-ka-tawa hatte ihr Bett nahe der Tür der Hütte auf der linken Seite. Es war das letzte Bettlager vor der Tür. Eines Nachts, gegen Mitternacht kam er in die

Hütte, berührte den Arm seiner Mutter. Die Frau meinte zu träumen. Sie sagte: »Oh, mein Sohn, tu das nicht. Du täuschst mich nur wieder.« Er hielt inne, aber dann schüttelte er sie an den Schultern, und sie erwachte.

Er sagte: »Mutter, ich bin da«, und sie streckte die Hand nach ihm aus und spürte seinen Körper. Sie sagte: »Bist du wirklich mein Sohn?«

Sie nahm ihn in die Arme, drückte ihn und sagte zu ihm: »Oh, mein Sohn, mein Sohn, du bist zu mir zurückgekommen.« Sie weinte, so froh war sie. Dann redeten sie zusammen. Er gab ihr ein Stück Fleisch – ein Stück frisches Büffelfleisch –, obwohl sie im Lager seit sechs Monaten kein frisches Fleisch mehr gehabt hatten.

Er sagte zu seiner Mutter: »Ich lebe wirklich, obwohl ich getötet worden bin. Die Nahu'rac (Tiere) hatten Mitleid mit mir und haben mich wieder lebendig gemacht. Und jetzt gehe ich fort, aber weine nicht mehr um mich.«

Fort war er.

Am nächsten Morgen, als die Mutter erwachte, fand sie neben sich das Stück Fleisch und begann, es auf Holzkohle zu rösten. Die Leute wunderten sich, wo sie das frische Fleisch herhabe, aber sie weigerte sich, etwas darüber zu sagen, denn ihr Sohn hatte es ihr verboten. Sie fragten sie wieder und wieder, und endlich sagte sie, sie habe es in ihrem Bett gefunden.

Nach langer Zeit kam ihr Sohn wieder einmal in der Nacht. Er trat in die Hütte und sagte: »Mutter, da bin ich wieder.« Sie erwachte und freute sich, daß er zurückgekommen war. Er sagte zu ihr: »Mutter, ich weiß, daß ihr arm seid. Du bist blind, weil du um mich so viel geweint hast. Nun, Mutter, dort neben deiner Tochter Bett steht Wasser in einer hölzernen Schüssel. Wenn ich nachher wieder fortgegangen bin, dann geh zu der Schüssel, tauch dein Gesicht tief in das Wasser, öffne deine Augen unter Wasser, und du wirst wieder sehen.« Ehe er ging, gab er ihr auch noch etwas ka'wis (gehacktes Büffelfleisch, in Innereien eingerollt).

Als er nun fort war, tat sie, wie er sie geheißen. Sie stand auf, tastete mit den Händen, kam an die Stelle, an der die Tochter schlief. Sie fühlte, wo die Schüssel stand, und tauchte ihr Gesicht im Wasser unter und öffnete ihre Augen. Als sie nun wieder auftauchte, sah sie wieder. Was war sie froh! Alle wunderten sich, wie sie geheilt worden sei. Aber sie verriet es keinem, außer ihrem ältesten Sohne.

Wiederum nach langer Zeit kam Pa-hu-ka-tawa abermals, um nach seiner Mutter zu sehen. Er sagte zu ihr: »Mutter, heute bin ich gekommen, um meinen ältesten Bruder zu besuchen.« Er ging zu seinem Bruder bei Nacht. Der erwartete ihn schon, denn die Mutter hatte ihn in ihr Geheimnis eingeweiht.

Pa-hu-ka-tawa sagte: »Nun, Bruder, ich nehme an, du hast gehört, daß ich ein paarmal da war, um unsere Mutter zu besuchen. Ich wünschte, du könntest mir eine Hütte draußen außerhalb des Lagers aufstellen. Dann würde ich dich öfter besuchen kommen. Ich möchte mit dir reden und dir meine Gedanken und Sorgen anvertrauen. Ich bin ein Geist.«

Sein Bruder sagte, er wolle gern eine solche Hütte bauen, und kaum war sie fertig, da kam Pa-hu-ka-tawa wieder und sprach zu seinem Bruder: »Wähle morgen abend zwei der tapfersten Männer des Stammes aus, lasse sie durch das Lager gehen, und bitte die Häuptlinge und die tapfersten Krieger in deine Hütte. Mach aber kein Feuer an. Es muß dunkel sein, denn ich komme dich in der Nacht wieder besuchen.«

Am nächsten Abend versammelten sich die Häuptlinge, als es dunkel wurde, in der Hütte. Sie machten kein Feuer. Sie warteten darauf, daß Pa-hu-ka-tawa kommen werde. Nach einer Weile kam er herein. Sie waren alle still. Bei jedem Schritt, den er tat, schienen Funken zu stieben.

Er stellte sich vor seinen Bruder hin und sagte: »Ich bin in allem, im Gras, im Wasser, in den Bäumen. Ich bin ein Teil all dieser Dinge. Ich kenne all deine Gedanken, und wenn du auch nur flüsterst, ich höre es. Ich weiß alles, ich kenne selbst den Ozean, der doch so weit fort ist, das Meer, dessen Wasser salzig ist. Es gibt zwei Tänze, die ich gern mag. In ihnen kommen Lieder vor, in denen ich erwähnt werde.« Dann sang er diese Lieder und hieß sie die Tänze tanzen.

Dann sprach er: »Bruder, ich möchte, daß du weißt, daß ein Stamm unserer Feinde sich bereit macht, auf den Kriegspfad zu gehen. Ich werde dich wissen lassen, wenn der Feind aufbricht und was er plant. Die Feinde kommen von weit her den Missouri herauf.«

Zwei oder drei Nächte später erschien Pa-hu-ka-tawa abermals seinem Bruder und sprach: »Jetzt kommen sie. Morgen bei Nacht werden sie euer Lager umschleichen. Seid auf der Hut. Du mußt mir sagen, was ihr tun wollt. Ich will dir Stärke verleihen, damit du siegreich bleibst. Wenn du ein oder zwei erschlägst, frag mich. Du mußt mich den Großvater nennen.«

Am nächsten Tag tanzten sie und riefen das Geisterwesen an.

Ein junger Mann betete und sprach: »Laß mich neun erschlagen, den Zehnten laß mich verwunden, aber laß mich selbst nicht sterben.«

Ein anderer Junge betete: »Ich will fünf erschlagen, und den stärksten Mann unter den Feinden will ich gefangennehmen.«

Und noch ein anderer Mann bat ihn: »Laß mich nur zwei von ihnen erschlagen, und dann laß mich sterben.«

Jeder erbat sich so etwas, und er antwortete: »So soll es sein.«

Sie sahen ihn nicht, denn es brannte kein Feuer in der Hütte. Es war dunkel.

Er sprach zu ihnen: »Seid bereit. Morgen früh wird der Feind angreifen. Ich werde euch von Norden her als Warnung einen Nebel schicken. Sie werden gegen das Dorf anstürmen, ihr aber müßt hinaus auf die Ebene gehen und ihnen ein Gefecht liefern. Dann zieht euch zurück. Behaltet die Schlucht im Auge, die am östlichen Ende des Schlachtfeldes in die Ebene ausläuft. Achtet auf diese Stelle. Dort werdet ihr mich sehen. Und dies soll das Zeichen sein, daß ich es bin, den ihr seht. Wenn ich an diesem Punkt erscheine und nach Norden blicke, wird der Wind umschlagen und aus Süden wehen. Dann greift den Feind wieder an.«

So geschah es. Am nächsten Morgen griff der Feind das Dorf an. Es war genau der Tag, den er genannt hatte. Die Krieger stürmten hinaus auf die Ebene, dem Feind entgegen. Sie fragten sich alle, in welcher Gestalt Pa-hu-ka-tawa sich ihnen zeigen werde. Und an diesem Morgen, ehe die Sioux kamen, kam auch tatsächlich ein Nebel auf von Norden. Dann griffen die Sioux an, und die Leute begannen nach Pa-hu-ka-tawa Ausschau zu halten. Als sie zu der Stelle hinsahen, die er ihnen bezeichnet hatte, erkannten sie, daß dort ein großer weißer Wolf stand. Er sah erst in die eine Richtung, und dann wendete er sich um und schaute gen Norden. Sofort schlug der Wind um. Er wehte jetzt von Süden.

Als der Wolf erschien, zweifelten die Krieger noch, ob das Pa-hu-ka-tawa sei, aber als der Wind dann umschlug, waren sie sicher.

Sie gingen zum Angriff über, und jedem, der sich etwas erbeutet hatte, wurde seine Bitte erfüllt.

Die Männer töteten viele der Sioux und verfolgten sie noch weit. Den ganzen Tag hindurch setzten sie ihnen nach. Dann kehrten sie zurück ins Dorf und brachten ihre Kriegsbeute mit heim. Sie tanzten und freuten sich. Jeder war froh, daß der Stamm einen so großen Sieg errungen hatte.

In der Nacht nach dem Siege kam Pa-hu-ka-tawa in die Hütte seines Bruders und sagte ihm, er wolle mit ihm reden. Der Bruder weckte all seine Frauen und schickte sie hinaus. Er hieß sie fortzubleiben, bis er sie rufen werde. Dann sagte Pa-hu-ka-tawa zu seinem Bruder: »Nun, ihr habt gesehen, daß ich mein Versprechen halte. Ihr habt gesehen, was geschehen ist. Urteilt selbst. Jetzt, Bruder, laß deine Hände über meinen Körper gleiten.«

Der Bruder fuhr ihm mit den Händen über Brust, Arme, den Leib und die Beine.

Pa-hu-ka-tawa sprach: »Leg jetzt deine Hände auf meinen Kopf und fühl dort.«

Er tat es, und da war etwas Weiches.

Pa-hu-ka-tawa sagte: »Weißt du, was das ist? Es ist eine Daunenfeder.« Dann erzählte er, wie er zu Tode gekommen war, und fuhr fort:

»Nach meinem Tod hatten die Tiere Mitleid mit mir. Die Fliegen, die Insekten, die Fische, die Vögel, das Reh, die Wölfe, alle hatten sie Mitleid und verhalfen mir wieder zum Leben. Sie sahen sich Fleisch und Knochen an, die herumlagen, und fügten sie wieder zusammen. Nur einen Teil von meinem Schädel konnten sie nicht finden. Die Insekten durchwühlten die Erde danach. Die Fische suchten im Wasser, die Fliegen schwirrten über den Sand, das Reh und die Wölfe sahen sich auf der Prärie um, aber der fehlende Teil war nirgends zu finden. Auch mein Gehirn war verschwunden. Deswegen fügten sie an dieser Stelle, als sie mich wieder zusammensetzten, die Daunenfeder ein. Jetzt bin ich nicht mehr tot. Ich lebe wieder. Zwar nicht als Mensch, aber als Geist.

Ich bin in allem, im Wind, im Regen, im Gras. Ich gehe hin über die ganze Welt. Ich bin der Wind. Mächtiger als ich ist nur noch Ti-ra-wa. Er ist Herrscher von allem und jedem. Wann immer ein menschliches Wesen auf Erden, sei es Mann, Frau oder Kind, etwas über mich sagt, höre ich es bestimmt. Du mußt das allen sagen. Wenn sie krank oder unglücklich sind, sollen sie zu mir beten. Dann will ich sie heilen und ihnen helfen.

Jetzt weißt du, daß ich lebe, aber ein Geist bin, und wann auch immer die Krieger mit den Sioux kämpfen, sollen sie zu mir beten, mich anrufen. Ich werde es hören. Wenn einer tapfer sein will oder wenn einer in der Schlacht nicht verwundet werden will, selbst dann, wenn der Feind die Oberhand gewinnt – wenn er mich angerufen und mich um Beistand gebeten hat, will ich ihn beschützen. Ich werde ewig leben oder jedenfalls doch so lange, wie diese Welt besteht. So lange wie ich zu euch komme, will ich, daß ihr gegen die Sioux kämpft, weil sie mich getötet und so grausam zerstückelt haben. Wann immer die Sioux angreifen, ich will, daß ihr immer Sieger bleibt.

Nun, Bruder, wenn ich dich besuchen komme, muß dir das nicht langweilig werden. Ich will oft kommen, häufig mit dir reden, dir sagen, was geschehen wird. Ich will dich immer warnen kommen, wenn die Sioux vorhaben, die Skidi-Pawnees anzugreifen. Ich kann überall hin, in alle Dörfer der Siouxstämme. Ich weiß, was ihre Häuptlinge bei der Ratsversammlung reden, wann sie ihre Krieger gegen euch aufbieten. Du mußt also nicht unwillig werden, wenn ich dich häufig besuche.«

Er wußte wohl, daß sein Bruder irgendwann einmal sich weigern würde, auf ihn zu hören, aber sein Bruder wußte es nicht, und er sagte: »Es wird mir niemals langweilig werden, dir zuzuhören!«

Einige Zeit später schickten sich die Sioux wieder an, das Skidi-Dorf anzugreifen. Zwei Tage zuvor erschien Pa-hu-ka-tawa bei seinem Bruder und warnte ihn: »Übermorgen wird eine große Gruppe von Sioux-Kriegern euch überfallen. Aber ich behalte sie im Auge. Am Morgen des zweiten Tages befiel allen Leuten, bereit zu sein. Die Pferde müssen in der Nähe ihrer Hütten stehen, damit sie jederzeit losreiten können. Dann schaut hinauf zum Himmel, und du wirst dicke dunkle Wolken sehen, so als ob es bald würde anfangen zu regnen. Wenn du dich in den Kampf stürzt, hab keine Angst vor dem Feind. Geh geradewegs auf ihn los. Sie werden nicht schießen können, ihre Bogenschnüre werden feucht sein. Die Sehnen werden sich dehnen und von den Enden des Bogens springen. Sie werden dir nichts anhaben können.«

An jenem Morgen, den er ihm beschrieben hatte, kamen die Sioux tatsächlich, und die Krieger ritten hinaus, ihnen entgegen. Der Himmel war düster von schwarzen Wolken. Als der Kampf begonnen hatte, fing es heftig an zu regnen, aber es regnete nicht überall. Es regnete nur dort, wo die Sioux ritten. Ihre Bogensehnen wurden naß, dehnten sich, sprangen aus den Kerben am Ende des Bogens. Die Skidi obsiegten. Sie trieben die Sioux vor sich her. Sie verfolgten sie weit. Der Regen folgte den Sioux nach, es regnete ständig nur auf sie. Die Sioux flohen, und wieder errangen die Skidi einen großen Sieg.

Bald darauf kam Pa-hu-ka-tawa abermals herab, besuchte seinen Bruder und sprach zu ihm: »Wann immer ihr ein Fest oder eine Ratsversammlung der Alten abhaltet, sollt ihr rauchen und dabei sprechen: ›Vater, wir bitten dich, hilf uns!‹ Dann werde ich euch erhören. Gleichzeitig sollt ihr auch zu Ti-ra-wa beten. Er ist einer über uns, der ist der Herrscher von allen und jedem. Ich will nicht, daß jedermann über mich spricht. Aber wenn bei einem Fest die jungen Männer zusammenkommen, dann soll man sie belehren und ihnen von mir erzählen.«

Er wollte nicht, daß jemand seinen Namen unnütz und leichtfertig im Munde führe, noch, daß die Geschichte seiner Marter zur bloßen Unterhaltung erzählt werde. Sie ist heilig, und man erzählt sie nur aus ernstem Anlaß.

Kurz nach diesem Gespräch kam er abermals zu seinem Bruder. Ein anderer Mann wohnte in der Hütte seines

Bruders, und in dieser Nacht war sein Bruder nicht da. Er schlief irgendwo anders.

Pa-hu-ka-tawa fragte den Mann, wo sein Bruder sei. Der Mann antwortete: »Er ist nicht da. Er schläft irgendwo anders.«

Pa-hu-ka-tawa sagte: »Dann geh und sage ihm, daß ich hier bin und ihn zu sehen wünsche.«

Der Mann ging und überbrachte dem Bruder die Botschaft, der aber sprach: »Ich mag ihn nicht sehen. Sag ihm, ich schlafe schon.«

Der Mann richtete das Pa-hu-ka-tawa aus, und der schickte den Mann noch einmal aus und hieß ihn dem Bruder ausrichten: »Er wünscht sehr dringlich dich zu sehen.«

Der Bruder erwiderte: »Sag ihm, ich könne nicht kommen. Ich wolle heute nacht einmal ruhig schlafen.«

Als Pa-hu-ka-tawa das ausgerichtet wurde, sagte er zu dem Boten: »Na schön. Geh noch einmal zu ihm. Sag ihm, er soll nur schlafen. Er soll schlafen, soviel er will. Ich habe ihm gleich zu Anfang gesagt, daß er einmal unwillig werden wird. Jetzt ist es soweit. Mag er schlafen, soviel er will. Mich wird er nicht mehr zu Gesicht bekommen. Ich gehe zu einem anderen Stamm. Heute bin ich zum letzten Mal hier. Sag ihm nur, er soll schlafen. Ich werde ihn nicht mehr behelligen. Ich mache mich davon, aber sag den Leuten, sie sollen mich nicht ganz vergessen. Sie sollen manchmal von mir erzählen und zu mir beten, dann werde ich ihnen helfen und dem Stamm weiter beistehen.«

So verließ Pa-hu-ka-tawa die Skidi und ging zu den Ree, aber die Leute bekamen ihn nicht mehr zu Gesicht. Als sich unter dem Stamm herumsprach, was die Ursache gewesen war, wurden alle Leute wütend und zürnten mit Pa-hu-ka-tawas Bruder. Aber vor noch nicht langer Zeit hat unter den Ree eine Frau gelebt. Als sie noch ein Mädchen war, hat Pa-hu-ka-tawa mit ihr gesprochen.

Sakipiriru – Lied der jungen Hundetänzer

▲▲▲▲▲▲▲▲

In alter Zeit träumte ein Pawnee, Ti-ra-wa sichere ihm seinen Schutz zu. Bei seiner Vision sah er die Kriegshaube, die nur von denen getragen werden darf, die Großes vollbracht haben. Auf diese Weise wurde die Kriegshaube auch zum Symbol für Ti-ra-wa. In einem Traum oder in Trance sahen die Pawnee den Vater (den Propheten der Geistertänzer-Religion), der die Kriegshaube trug. Dies war die Vision des Adler-Häuptlings.

Die Musik dieses Liedes ist ein altes Lied der Hunde-Gesellschaft, einer der zahlreichen Männerbünde, die bei den Pawnee bestehen. Die Worte aber vernahm der Adler-Häuptling in Trance. Das Lied wurde manchmal zu Beginn der Pawnee Geistertanz-Zeremonien gesungen, wenn die Tänzer sich schon im Kreis aufgestellt hatten, aber noch nicht tanzten.

>»Den Vater sah ich.
>Er trug die Kriegshaube.
>Er trug das Zeichen der Macht.
>Ja, ich habe den Vater gesehen,
>den Vater.«

Skiriki – Lied der Coyote-Krieger

Dies ist das Lied der Coyote-Krieger, das der Chawi-Gruppe der Pawnee gehört. Ein Mann auf dem Kriegspfad verliert seinen Gefährten und läuft über die Prärie. Er denkt an daheim, an jene, die er liebt. Er ist einsam und traurig. Dann blickt er auf zum Himmel und weiß, daß Ti-ra-wa allgegenwärtig ist. In ihn, den Einen-dort-oben, setzt er sein Vertrauen. Und er singt:

> »O große Ausdehnung des blauen Himmels,
> Sieh mich hier umhergehen,
> abermals allein auf dem Kriegspfad,
> ich vertraue darauf, daß du mich beschützt.«

Dieses Lied gehörte erst Tirirak-tawirus. Der Freund von Tirirak-tawirus war Lukitawika-wari (Der-Reiter-der-die-große-Himmelskuppel-umkreist). Sie waren Brüder auf die Art der Indianer, das heißt Brüder durch gegenseitige Adoption, und eine solche Brüderschaft ist stärker als Blutsbrüderschaft.

Tirirak-tawirus war älter als Lukitawika-wari. Er war ein Mann, als der andere noch ein Junge war. Als der ältere Bruder alt wurde, gab er dem jungen dieses, sein eigenes Lied und forderte ihn auf, es immer zu singen, wenn er Schutz oder Hilfe brauche. Während er es sang, sollte sich Lukitawika-wari an seinen Bruder erinnern.

Das Lied ist ein Gebet an Ti-ra-wa um Zuspruch und Schutz. Als solches sang es Lukitawika-wari, wenn er weit von daheim entfernt unterwegs war.

Beide Brüder haben besonders schöne Namen. Tirirak-tawirus bedeutet der Erretter oder der Gute, der sich in Zeiten der Not zeigt. Die Bedeutung ist doppelsinnig. Es ist einmal jener, der das Leben eines Freundes in der Schlacht errettet, dann aber auch jemand, der geht und den Büffel tötet als ein notwendiges und heiliges Opfer an Tira-wa in der religiösen Zeremonie.

Lukitawika-wari heißt wörtlich übersetzt: Jener, der mit seinem Pferd in der Hütte herumreitet. Unter »Hütte« ist dabei nicht die Behausung der Pawnee zu verstehen, eine Erdhütte mit Kuppeldach, getragen von Pfosten, die Hütte ist vielmehr die Welt, die offene Prärie mit der blauen Kuppel des Himmels.

Der Junge, der geopfert wurde

▲▲▲▲▲▲▲▲

Es gab eine Zeit, und sie liegt weit zurück, da dachten manche Leute, daß es gut sei, Ti-ra-wa das zu opfern, was einem am liebsten war. Tieropfer und Brandopfer hatte es bei den Pawnee immer gegeben. Das war eine sehr alte Sitte. Die Skidi hatten immer die Gefangenen geopfert. Ein jedes dieser Opfer ist heilig, aber dabei ist es nicht so, daß du etwas von dir selbst hingibst, etwas, was du liebst. Dies ist ein Opfer, das nicht viel kostet.

Vor vielen Jahren lebte in einem Skidi-Dorf am Loup ein Mann, der glaubte, wenn er nur Ti-ra-wa seinen Sohn opfere, werde er gesegnet werden.

Er dachte, wenn er dies tue, werde vielleicht Ti-ra-wa mit ihm von Angesicht zu Angesicht sprechen, und er werde mit ihm reden können, gerade wie sich zwei Menschen miteinander unterhalten, und dabei werde er vielleicht viele Dinge erfahren, um die andere Menschen nicht wissen.

Das Kind war ein hübscher Junge von zehn Jahren, kräftig, gut gewachsen, und der Mann liebte ihn. Es behagte ihm ganz und gar nicht, wenn er daran dachte, daß er ihn töten sollte. Er dachte lange darüber nach, aber je mehr er nachdachte, desto mehr wollte es ihm vorkommen, als werde dieses Opfer Ti-ra-wa gefallen. Es gab so vieles, was er so gern verstanden hätte, und er meinte, wenn er nur seinen Sohn hingebe, werde er all diese guten Dinge erhalten. Also entschloß er sich, das Opfer zu vollziehen.

Eines Morgens ging er aus dem Dorf fort und nahm den Jungen mit. Sie gingen hinüber zum Platte, und als sie am

Fluß waren, nahm der Mann das Messer, faßte den Jungen bei der Schulter, erstach ihn und schlitzte ihn auf. Als der Junge tot war, warf er die Leiche in den Fluß und kehrte dann ins Dorf zurück. Dort ging er in seine Hütte.

Nach geraumer Zeit fragte er seine Frau, wo denn der Junge sei?

Die Frau antwortete: »Er ist doch mit dir fortgegangen, als du zu den Pferden wolltest. Bei mir ist er nicht.«

Der Mann ging hinaus, schaute sich nach dem Jungen im Dorf um, fand ihn aber freilich nicht. Als in der Nacht der Junge nicht heimkam, bekamen die Leute im Dorf Angst. Zwei Tage lang suchten sie nach dem Jungen, und schließlich holten sie den alten Ausrufer, damit ihn jemand von der Spitze der Hütte ausrufe. Niemand meldete sich, der gewußt hätte, was mit dem Kind geworden war. Die Mutter trauerte, und auch der Vater tat so, als sei er schlecht dran. Sie konnten den Jungen nicht finden. Bald darauf brach der Stamm zu einer Sommerjagd auf, und der Mann und die Frau zogen mit. Die Jagd war gut. Die Jäger töteten viele Büffel, und man bereitete trockenes Fleisch.

Nachdem der Vater den toten Jungen in den Fluß geworfen hatte, trieb dieser mit der Strömung talwärts. In dem strudelnden Wasser wurde sein Körper herumgewirbelt. Manchmal blieb er auch eine Weile auf einer Sandbank liegen, bis er schließlich doch wieder weitertrieb.

Endlich kam er an jene Stelle, an der die großen Wirbel sind, unterhalb der Klippe von Pa-huk, wo die Hütte der Nahu'rac steht. Da saßen zwei Bussarde auf der Klippe hoch oben. Und wie sie da so saßen, streckte der eine seinen Hals vor und schaute hinab in den Fluß, und nachdem er sich umgeschaut hatte, sagte er zu dem anderen Vogel: »Ich sehe da etwas treiben!«

Da stießen die beiden Vögel hinab, pickten den Jungen aus dem Fluß, luden ihn auf den Rücken und flogen wieder hinauf auf die Klippe. Den Jungen setzten sie vor dem Eingang einer großen Höhle ab, die die Heimat der Nahu'rac (*Tierwesen*, die auch menschliche Gestalt annehmen können) darstellt. In dieser Behausung gab es alle Arten von Tieren und Vögel. Es lebten Bären und Berglöwen dort. Büffel, Elche und Biber, Ottern und Rehe, alle Arten von Tieren, große und kleine. Nun gibt es einen kleinen Vogel, der noch kleiner ist als eine Taube. Auf dem Rücken ist er blau, seine Brust ist weiß und sein Kopf gesprenkelt. Er fliegt rasch über das Wasser dahin, und wenn er einen Fisch erblickt, taucht er ins Wasser und fängt ihn. Dieser Vogel ist der Diener oder Botschafter des Nahu'rac. Ein solcher Vogel kam gerade vorbei, als die Bussarde den Körper des Jungen ablegten. Er hielt inne im Flug und schaute zu. Als er sah, was da war – denn er besaß die Gabe, die vorangegangenen Ereignisse zu erraten –, flog er in die Höhle und erzählte den Nahu'rac von dem Schicksal des Jungen.

Der Vogel sprach: »Da ist ein Junge. Er ist tot. Er ist arm. Ich möchte, daß er wieder ins Leben zurückkehren darf.« Dann berichtete er den Nahu'rac alles, was sich zugetragen hatte. Nach dem Bericht des Botschaftervogels berieten die Nahu'rac lange darüber, was nun geschehen solle. Jedes Tier hielt eine Rede, gab seine Meinung zu der Sache zum besten, aber sie konnten sich nicht einig werden, was geschehen solle.

Der kleine Vogel zwitscherte und sprach: »Nun los doch, wir wollen sein Leben retten.«

Aber die Nahu'rac konnten sich nicht entschließen. Endlich sprach ihr Häuptling: »Nein, Kundschafter, wir können in dieser Sache keinen Entschluß fassen. Du mußt zu einer anderen Ratshütte gehen und hören, was man dort sagt.«

»Nun gut«, sagte der Vogel, und rasch flog er weiter den Fluß hinauf, bis er an die Nahu'rac-Hütte nahe dem Einsamen Baum gelangte.

Aber auch dort wollten die Tiere die Verantwortung für

die Wiedererweckung des Jungen zum Leben nicht übernehmen. Sie schickten den Vogel wieder dorthin zurück, woher er gekommen war.

Eine ganze Zeit flog der arme Vogel zwischen den beiden Ratshütten hin und her, und immer lautete die Auskunft hier wie dort: »Wir sind nicht in der Lage, uns zu entscheiden.«

Endlich sprach der Häuptling aller Richter: »Kundschaftervogel, wir haben uns endgültig darauf geeinigt, in dieser Sache keine Entscheidung zu treffen. Wir überlassen die Entscheidung dir. Sag du nun, was geschehen soll.«

Der Kundschaftervogel zögerte keinen Augenblick. Er sagte: »Ich will, daß der Junge wieder ins Leben zurückkehrt.«

Da erhoben sich alle Tiere und gingen zu der Stelle, an der der tote Junge lag. Sie stellten sich im Kreis um ihn auf und beteten.

Endlich fing der Junge wieder an zu atmen. Einen Atemzug tat er. Nach einer Weile wurde sein Atem gleichmäßig, und endlich kam er wieder zu sich. Er sah sich um, und als all die Tiere ihn umstanden, wunderte er sich. Er sprach zu sich selbst:

»Mein Vater hat mich doch erstochen und getötet, und jetzt bin ich hier unter so vielen Tieren. Was hat das zu bedeuten?«

Er war wirklich erstaunt.

Die Nahu'rac gingen zurück in ihre Ratshütte und nahmen den Jungen mit. Als sie alle Platz genommen hatten, sprachen die vier Richter miteinander.

Der oberste Richter erhob sich und sagte: »Nun, liebe Leute, zum Leben haben wir den Jungen zurückgebracht, aber er ist arm. Wir müssen etwas für ihn tun. Wir wollen ihn alles lehren, was wir wissen; wir wollen ihn zu einem von uns machen.« Da erhob sich unter den Nahu'rac großes Gekreisch. Sie waren froh. Sie stimmten zu. Sie fingen an zu singen und zu tanzen. Sie lehrten den Jungen all ihre Geheimnisse. Sie zeigten ihm, wie man einen Mann aufschneidet und ihn wieder heilt, wie man einen Mann mit einem Pfeil durchlöchert und ihn wieder heilt, wie man einem Mann die Zunge herausschneidet und sie wieder einsetzt, wie man ein gebrochenes Bein wieder richtet und viele andere Dinge mehr.

Nachdem dies geschehen war, sagten sie zu dem Jungen: »Wir haben dich wieder ins Leben zurückgebracht. Wir haben dich all dies gelehrt. Jetzt bist du einer von uns. Jetzt sollst du eine Jahreszeit bei uns leben. Deine Leute sind auf der Sommerjagd. Du bleibst bei uns bis zum Herbst. Dann kannst du zurückkehren zu deinem Stamm.«

Schließlich kehrten die Skidi mit viel Fleisch von ihrer Jagdreise heim. Bald darauf sagten die Nahu'rac zu dem Jungen: »Deine Leute sind heimgekommen. Jetzt kannst du ins Dorf zurückkehren. Hol eine ordentliche Portion getrockneten Fleisches und bring sie uns. Wir wollen ein Fest halten.«

Der Junge ging heim in sein Dorf. Er kam dort in der Nacht an, lief zur Hütte seines Vaters und trat ein. Ein kleines Feuer brannte in der Hütte. Es war fast ausgegangen und gab nur wenig Licht. Aber der Junge wußte noch den Platz, an dem seine Mutter schlief. Er ging zu ihr hin, streckte seine Hand aus, berührte sie. Da wachte sie auf, sah ihn an und sagte: »Bist du nicht unser Sohn?«

»Ja«, antwortete er, »ich bin zurückgekommen.«

Als sie ihn da vor sich sah und ihn sprechen hörte, war sie sehr erstaunt, aber froh im Herzen, daß der Junge wieder da war. Sie weckte den Vater. Als der den Jungen sah, bekam er es mit der Angst zu tun, denn er meinte, es sei ein Geist. Der Junge verriet ihm auch nicht, was geschehen war. Er sagte nur: »Ich komme wieder. Ich bin wieder da.«

Am Morgen waren alle Leute im Dorf sehr verwundert, als sie hörten, daß er wieder aufgetaucht sei.

Sie standen um ihn herum und stellten Fragen, aber er verriet ihnen nichts. Auch am darauffolgenden Tag bekam der Junge immer wieder Fragen zu hören, bis er endlich erklärte: »Ich bin den ganzen Sommer über bei Freunden gewesen, die gut zu mir waren. Ich würde ihnen gern als Gegengabe etwas gutes Dörrfleisch bringen, damit sie feiern können.«

Die Leute meinten, so sei es recht. Sie begriffen, daß er seinen Gastgebern ein Gegengeschenk machen mußte. Sie wählten vier starke Pferde aus und beluden sie mit den besten Stücken Dörrfleisch.

Jeder im Dorf brachte ein Stück, legte es auf die Pferderükken, bis die Tiere schwer beladen waren. Sie schickten zwei junge Männer, die sollten dem Jungen unterwegs helfen, die Pferde treiben. So brach er mit den Packtieren auf zu der Ratshüte der Nahu'rac bei Pa-huk.

Als sie sich aber diesem Platz näherten, schickte der Junge seine Begleiter zurück und ging allein weiter. Vor dem Eingang zur Höhle lud er das Dörrfleisch ab und ließ die Pferde frei. Dann ging er hinein. Als die Nahu'rac ihn sahen, gaben sie alle einen pfeifenden Laut von sich. Sie waren froh ihn zu sehen. Froh, weil er ihnen das Dörrfleisch brachte. Froh auch, weil er das Vertrauen, das sie in ihn gesetzt hatten, nicht enttäuschte. Ein großes Fest begann. Der Tanz der Doktoren wurde aufgeführt. Der Junge tanzte den Doktor, und abermals wurde ihn alles gelehrt, was die Nahu'rac wissen. Nachdem er viele Wundertaten zu vollbringen gelernt hatte, kehrte er endgültig heim.

Manchmal ging er zu Leuten, die schon einen Tag tot waren, und brachte sie ins Leben zurück.

Niemand wußte, was sein Vater mit ihm getan hatte, denn der Junge hütete sich, es jemandem zu erzählen. Bei sich aber dachte er: Es war doch gut, daß er mich geopfert hat, sonst hätte ich all die Wunderdinge nie gelernt.

Erzählungen der Blackfeet

▲▲▲▲▲▲▲▲

Schöpfungsgeschichte

▲▲▲▲▲▲▲▲

Plötzlich sahen und erkannten ihn alle Tiere der Ebenen, und alle Vögel in der Luft hörten und erkannten ihn. Alle Dinge, die er geschaffen hatte, verstanden ihn, als er zu ihnen sprach: die Vögel, die Tiere und die Menschen.

Der Alte Mann ging umher im Süden von hier, und dabei schuf er die Menschen. Er kam aus dem Süden, schritt aus gegen Norden und erschuf Tiere und Vögel, während er seines Weges ging. Er schuf die Gebirge, die Prärien, das Gehölz und das Gesträuch zuerst.

So ging er dahin gegen Norden, schuf Dinge im Gehen, grub hier und dort die Flußläufe ein und die Wasserfälle, strich rote Farbe da und dort auf die Erde und rückte die Welt zurecht. Er schuf den Milch-Fluß (den Teton) und überquerte ihn, und als er müde war, stieg er einen kleinen Hügel hinauf und legte sich hin, um auszuruhen.

Wie er nun so auf dem Rücken dalag, setzte er spielerisch Felsen dorthin, wo sein Kopf lag und wo seine Arme und Beine ausgestreckt waren. Du kannst diese Felsen heute noch sehen. Nachdem er sich ausgeruht hatte, ging er weiter nach Norden. Er stolperte über eine Wurzel und fiel auf die Knie. Da sagte er:

»Das ist nicht recht, daß man hier stolpert.« Also schuf er zwei große Hügel, und er nannte sie »die Knie«, und so werden sie bis auf den heutigen Tag genannt.

Er lief abermals weiter nach Norden, und mit ein paar Steinen, die er in seiner Tasche bei sich trug, schuf er die Sweet Grass Hills.

Der Alte Mann bedeckte die Ebene mit Gras, damit die Tiere etwas zu fressen hätten. Er markierte ein Stück

Grund, und darauf ließ er alle Wurzeln und Beeren wachsen: die Camas, die wilden Karotten, die wilden Rüben,
die Süßwurzel, die Bitterwurzel, die Sarvisbeeren, die
Bullbeeren, Kirschen, Pflaumen und Rosen. Er pflanzte
Bäume in die Erde. Er gab sie den Tieren zur Wohnung.
Als er den Großhornigen mit seinem breiten Schädel
schuf, befand er sich auf den Prärien. Es war nicht so einfach, über die Prärie hin zu reisen. Es war holprig dort.
Man kam nur schlecht voran. Also nahm er das Tier bei
einem der beiden Hörner, führte es hinauf ins Gebirge und
ließ es dort frei. Es sprang leichtfüßig zwischen den Felsen
herum und kletterte noch auf die unwegsamsten Stellen.
Also sprach der Alte Mann: »Hier gehörst du offenbar
hin, hier zwischen die Felsen im Gebirge.« Während er im
Gebirge war, schuf er die Antilope aus Erde. Er ließ sie
frei, um zu sehen, wie es ihr ergehen werde. Er erkannte,
daß sie hier nicht leben konnte. Da trug er sie auf die Prärie
und ließ sie dort springen. Da rannte sie flink und ge-
wandt, und er sprach.
»Du gehörst hierhin. Das sieht man gleich!«
Eines Tages beschloß der Alte Mann, er werde eine Frau
und ein Kind schaffen, und also formte er beide aus Ton.
Darauf sprach er zum Ton:
»Aus dir soll ein Mensch werden.« Dann deckte er ihn zu
und ging fort.
Am nächsten Morgen kam er wieder zu der Stelle, nahm
die Abdeckung fort und erkannte, daß sich der Ton etwas
verändert hatte. Am zweiten Morgen waren die Veränderungen noch weiter fortgeschritten, am dritten Morgen
abermals, und am vierten Morgen ging er zu der Stelle und
ließ die Geschöpfe aufstehen und gehen. Das taten sie. Sie
liefen hinunter zum Fluß mit ihrem Schöpfer, und er sagte
ihnen, sein Name sei Na'pi, Alter Mann.
Als sie da am Fluß standen, sprach die Frau zu ihm: »Wie
ist das? Werden wir immer hier leben?«

Er antwortete: »Darüber habe ich noch nicht nachgedacht. Aber das muß entschieden werden. Ich will dieses Stück Büffeldung nehmen und es ins Wasser werfen. Wenn es nicht untergeht, sollen die Menschen vier Tage nach ihrem Tod wieder lebendig werden. Sie sollen nur vier Tage tot sein. Wenn es aber versinkt, dann sollen sie nach dem Sterben für immer tot sein.« Er warf den Dung ins Wasser, und der trieb oben auf der Flut. Die Frau wandte sich um, nahm einen Stein auf und sprach:

»Nein, ich will diesen Stein in den Fluß werfen. Wenn er nicht versinkt, werden wir immer leben, versinkt er aber, dann müssen die Menschen sterben, und jene, die noch am Leben sind, sollen sich sehnsuchtsvoll der Gestorbenen erinnern.«

Die Frau warf den Stein ins Wasser, und er versank. »Nun«, sprach der Alte Mann, »du hast gewählt. Dem menschlichen Leben wird ein Ende gesetzt sein.«

Ein paar Nächte später starb der Frau das Kind, und sie weinte. Sie sagte zu dem Alten Mann: »Laß uns das anders einrichten. So, wie du es erst festgelegt hast, soll es sein.«

Er antwortete: »Das geht jetzt nicht mehr. Was einmal so eingerichtet ist, muß so bleiben. Wir können nichts ändern. Das Kind ist nun einmal tot. Es kann nicht wieder lebendig werden. Die Menschen werden sterben müssen.«

So kam es dazu, daß wir Menschen wurden. Er war es, der uns schuf.

Die ersten Menschen waren arm und nackt und wußten nicht, wovon leben. Der Alte Mann zeigte ihnen Wurzeln und Beeren und erklärte ihnen, daß man sie essen könne, daß man an einem bestimmten Monat des Jahres die Rinde bestimmter Bäume schälen und essen kann. Er sagte den Menschen, daß die Tiere ihnen als Nahrung dienen sollten. Er gab sie den Menschen und sprach: »Dies sind eure Herden.« Er sagte auch:

»All diese kleinen Tiere, die in der Erde leben, nämlich Ratten, Eichhörnchen, Skunks und Biber, kann man essen. Ihr braucht euch vor ihrem Fleisch nicht zu fürchten.« Er wies auch auf alle Vögel und erklärte den Menschen, daß auch ihr Fleisch eßbar sei.

Die ersten Menschen, die der Alte Mann geschaffen hatte, pflegte er durch die Wälder und Sümpfe und über die Prärien zu führen, und er zeigte ihnen die verschiedenen Pflanzen. Bei einer bestimmten Pflanze pflegte er zu sagen: »Wenn ihr die Wurzeln dieser Pflanze an dem und dem Monat des Jahres sammelt, könnt ihr damit eine bestimmte Krankheit kurieren.«

So lernten die Menschen, welche Kräfte in den Kräutern steckten.

Ja, in jenen Tagen gab es auch schon Büffel. Nur besaßen die Menschen noch keine Waffen. Die schwarzen Tiere mit den langen Bärten aber konnten sich nicht wehren. Einmal nun, als die Menschen umherzogen, sahen die Büffel sie, rannten ihnen nach, nahmen sie auf die Hörner, töteten und fraßen sie. Der Schöpfer der Menschen reiste zu jener Zeit gerade über Land, und da sah er nun seine Kinder tot liegen, in Stücke gerissen von den Büffeln.

Als er das sah, sprach er: »Das geht so nicht. Ich werde das ändern. Die Menschen sollen die Büffel essen, nicht umgekehrt.«

Er ging zu einigen von den Menschen, die übriggeblieben waren, und sprach zu ihnen: »Warum setzt ihr euch gegen die Tiere, die Menschen töten, nicht zur Wehr?«

Die Menschen erwiderten: »Was sollen wir denn machen. Wir haben keine Möglichkeit, diese Tiere zu töten. Sie haben Waffen und töten uns.«

Da sprach der Schöpfer: »Das läßt sich ändern. Ich will euch eine Waffe geben, um diese Tiere zu töten.«

Also ging er hin, schnitt einige Zweige von den Sarvisbeeren und kratzte die Rinde ab. Dann nahm er ein großes

Stück Holz, befestigte eine Sehne daran und machte einen Bogen. Und da er ja auch Herr über alle Vögel war und mit diesen verfahren konnte, wie er wollte, fing er einen, nahm die Federn von dessen Schwingen und steckte sie in das Holz.

Er steckte vier Federn entlang des Schaftes ein und probierte den Pfeil aus, stellte aber fest, daß er nicht recht flog. Er nahm diese Federn wieder ab und versuchte es mit drei Federn und stellte fest, daß es so gut war. Er brach schartige Stücke von einem Felsen ab. Er probierte und fand heraus, daß die schwarzen Feuersteine die besten Pfeilspitzen abgeben. Dann lehrte er die Menschan all dies und sprach:

»Das nächste Mal, wenn ihr ausgeht, nehmt diese Dinge mit euch, und benutzt sie, wie ich es euch gesagt habe, und rennt nicht vor diesen Tieren davon. Wenn sie auf euch losgestürmt kommen, dann laßt sie ziemlich nahe herankommen, und schießt dann die Pfeile auf sie ab, wie ich es euch gelehrt habe. Ihr werdet sehen, daß sie vor euch davonrennen oder einen Bogen um euch machen.«

Nun vermehrten sich die Menschen, und eines Tages gingen drei Männer hinaus auf die Ebene, um nach dem Büffel zu sehen, aber sie hatten keine Waffen bei sich. Sie sahen die Tiere, und als die Büffel die Männer erkannten, setzten sie ihnen nach und töteten zwei von ihnen, aber einer entkam.

Einen Tag danach stiegen die Menschen auf einen kleinen Hügel. Die Büffel sahen sie und sprachen untereinander: »Syah, da ist noch mehr Nahrung!« Und sie rannten auf die Menschen zu. Diesmal aber liefen die Menschen nicht fort. Sie begannen, auf die Büffel zu schießen mit ihren Pfeilen und den Bögen, die Na'pi ihnen gegeben hatte. Die Büffel stürzten, aber ein Mensch wurde dabei auch getötet.

Zu dieser Zeit kannten die Menschen schon Messer aus

Feuerstein, und sie zerteilten damit die Kadaver der Büffel. Nun ist es nicht gesund, rohes Fleisch zu verzehren. Also sammelte der Alte Mann dürres Treibholz ein, machte Zunder daraus, und dann holte er ein Stück hartes Holz, bohrte ein Loch mit einer Pfeilspitze hinein und lehrte die Menschen, Feuer mit Feuerstöcken zu entfachen und das Fleisch der Tiere zu kochen, ehe sie es verzehrten.

Sie fanden eine Art Stein in dem Land und nahmen einen härteren Stein und bearbeiteten den weichen Stein damit, höhlten ihn aus, glätteten ihn und stellten sich einen Kessel her. Und auf eben diese Weise machten sie sich auch ihre Teller.

Der Alte Mann sagte auch zu seinem Volk:

»Jetzt müßt ihr aber auch schlafen und dabei Kraft schöpfen. Wenn ihr träumt, wird etwas kommen und euch helfen. Was immer dieses Tier euch sagt, ihr solltet ihm, wenn es euch im Schlaf begegnet ist, gehorchen. Es wird euch führen. Wenn einer von euch Hilfe braucht, wenn ihr allein seid unterwegs und laut um Hilfe ruft, werden eure Gebete erhört werden. Vielleicht von den Adlern, vielleicht von den Büffeln oder von den Bären. Welches Tier auch immer eure Gebete erhört, ihr sollt seinem Rat folgen. So kamen die ersten Menschen zurecht in der Welt durch die Kraft ihrer Träume. (...)

Indianisches Bewußtsein: Die Geister

▲▲▲▲▲▲▲▲

»Für die Jäger waren die wichtigsten Geister die der Tiere. Der Glanz, die ersten Bewohner der Erde zu sein, hing an ihnen, und der Mensch betrachtete sie als ihm überlegen. Solche Vorstellungen waren in der Alten Welt auch allgemein verbreitet. Sie rührten vielleicht aus der Zeit her, als Tiere mit ihren Klauen und Schwingen sich besser im Leben durchbringen konnten als der primitive Mensch mit seinen noch unvollkommenen Werkzeugen. In Ägypten und Indien waren das Mächtigste, was man verehrte, Tiere, die dann langsam die Gestalt von Menschen annahmen. Selbst die eindrucksvollen griechischen Gottheiten scheinen eine ähnliche Entwicklungsgeschichte hinter sich zu haben.

Die Tiergeister Nordamerikas aber durchliefen eben nicht diesen Veränderungsprozeß. Sie hatten immer und behielten eine zweigesichtige Gestalt. Sie waren Mensch *und* Tier.

Als die Menschen sich zeigten, als die Tiere sich in die Wälder und Gewässer zurückzogen, behielten die Tiere (nach dieser Vorstellung) die Fähigkeit bei, je nach Wunsch sich eine menschliche Gestalt zu wählen. Auch in ihren eigenen Wohnplätzen verfuhren sie so. Versteckt dort, wo kein Sterblicher sie finden konnte, besaßen sie Lager und Dörfer mit Klanen und Zeremoniegruppen gerade wie die Indianer auch. Dort durften bevorzugte Menschen sie besuchen, und sie erfuhren dort etwas von der Weisheit und der magischen Kraft, über die solche Mensch-Tiere geboten.

Jeder Jäger brauchte diese Hilfe von den Tieren und konnte sich ohne sie kaum erfolgreich durchs Leben schlagen. Andererseits mußte er Tiere für seine Nahrung töten. Dies hätte Krieg zwischen den Tieren und den Menschen bedeutet, aber die Überlieferung erklärt, daß dieser Konfliktpunkt schon beigelegt worden sei, als die ersten menschlichen Wesen kamen. Wie auch die frühen Menschen in der Alten Welt, glaubten die Indianer, daß die Tiere nicht wirklich stürben. Sie legen nur Pelz oder Federn ab und kehren in ihre ursprüngliche Heimat zurück. Hier haben wir einen praktischen Grund für den Glauben an Unsterblichkeit, der übrigens durchaus auch den Ausgangspunkt für einen ähnlichen Glauben bei den Menschen gebildet haben könnte. In der Tat glaubten viele Jägerstämme an eine Wiedergeburt, jedenfalls für Kinder, die noch kein volles Leben gelebt hatten.

Die Vorstellung, daß Tiere in Wirklichkeit unzerstörbar seien, bedeutete nicht, daß der Jäger sie ausrotten oder benutzen durfte, wie es ihm gefiel. Ehe die Tiere ihre Herrschaft über die Welt abtraten, hatten sie angeblich die Bedingungen festgelegt, unter denen sie bereit waren, vorübergehend ihr Fleisch als Nahrung zur Verfügung zu stellen. Deswegen praktizierten die Jäger eine Form der Bewahrung, die zum Teil religiös, zum Teil praktisch motiviert wurde.

Was das Religiöse anging, so hatte man Sorge zu tragen für die Knochen und Überreste und hielt sie von marodierenden Hunden fern oder vor dem Schrecken eines jeden Jägers, vor menstruierenden Frauen. Geschichten erzählen von einem Fischer, der eine Lachsgräte verlor und deswegen für immer lahm wurde. Aus praktischen Gründen töteten die Jäger und Fischer jeweils nicht mehr Tiere, als sie unbedingt brauchten. (...)«

Der Hund und der Stock

▲▲▲▲▲▲▲▲

Dies aber geschah vor langer Zeit. In jenen Tagen waren die Menschen hungrig. Kein Büffel und keine Antilope ließen sich auf der Prärie sehen. Die Reh- und Elchspuren waren mit Gras und Blättern bedeckt. Nicht einmal Kaninchen konnte man im Gebüsch aufstöbern.

Da beteten die Menschen: »O Alter Mann, hilf uns, oder wir werden sterben. Die Büffel und die Rehe sind fort. Sinnlos wird es, am Morgen Feuer zu entzünden. Unsere Pfeile können wir nicht gebrauchen. Unsere Messer sitzen nutzlos in ihren Scheiden fest.«

Da brach der Alte Mann auf, um nach Wild zu suchen, und er nahm mit sich einen jungen Mann, den Sohn des Häuptlings. Viele Tage zogen sie durch die Prärie und lebten von nichts als Beeren und Wurzeln. Eines Tages stiegen sie auf einen hohen Bergrücken, und als sie oben waren, sahen sie weit entfernt an einem Bach eine einzelne Hütte.

»Wer mag das nur sein«, sagte der junge Mann, »wer mag so ganz allein, fern von allen Freunden dort hausen?«

»Das«, sagte der Alte Mann, »muß der Bursche sein, der all die Büffel versteckt hält. Er hat eine Frau und einen kleinen Sohn.«

Dann näherten sie sich der Hütte. Der Alte Mann verwandelte sich in einen kleinen Hund und sprach: »Das bin ich!«

Der junge Mann aber wurde ein Grabstock und sagte auch: »Das bin ich.«

Der Junge spielte draußen, fand den Hund, brachte ihn zu

seinem Vater und sprach: »Schau mal, was für ein hübsches Hündchen ich da gefunden habe.«

»Bring ihn fort«, sagte der Vater, »es ist kein Hund.« Der kleine Junge weinte, aber der Vater zwang ihn, den Hund fortzubringen. Dann fand der Junge den Grabstock. Er nahm auch den Hund wieder an sich und trug beides in die Hütte, und dort rief er: »Schau, Mutter, was für einen hübschen Grabstock ich gefunden habe!«

»Wirf beides weg«, sagte der Vater, »das ist kein Grabstock, noch ist das in Wirklichkeit ein Hund.« »Ich will den Stock«, sagte die Frau, »und laß doch unseren Sohn den Hund behalten.«

»Von mir aus«, sagte der Mann, »aber denk daran, wenn es Ärger gibt: Schuld daran werdet ihr sein: du und das Kind!«

Dann schickte er seine Frau fort zum Beerenpflücken. Als sie gegangen war, tötete er eine Büffelkuh. Er brachte das Fleisch in die Hütte, deckte es zu, und die Haut und die Knochen warf er in den Bach. Als die Frau zurückkam, gab er ihr etwas Fleisch, um es zu braten, und während sie aßen, fütterte der kleine Junge dreimal den Hund. Als er ihm noch mehr geben wollte, mischte sich der Vater ein und sagte: »Wie oft soll ich es dir noch sagen, dies ist kein richtiger Hund. Du wirst ihn jetzt nicht mehr füttern.«

In der Nacht, als alle schliefen, standen der Alte Mann und sein Begleiter auf, nahmen ihre ursprüngliche Gestalt wieder an und aßen von dem Fleisch. »Du hast recht«, sagte der junge Mann, »das hier ist bestimmt der Bursche, der alle Büffel versteckt hat.« »Warte«, sagte der Alte Mann, und nachdem sie gegessen hatten, verwandelten sie sich wieder in einen Stock und in einen Hund.

Am Morgen schickte der Mann die Frau und das Kind aus, um Wurzeln zu graben. Die Frau nahm den Grabstock mit sich. Der Hund folgte dem kleinen Jungen. Als sie nun nach Wurzeln suchten, kamen sie an einer Höhle vorbei, vor deren Eingang stand eine Büffelkuh. Da rannte der Hund in die Höhle, und der Stock glitt der Frau aus der Hand, als sei er plötzlich eine Schlange. In dieser Höhle fanden der Alte Mann und der Häuptlingssohn alle Büffel und das übrige Wild, und sie begannen, es herauszutreiben. Bald war die ganze Prärie voller Büffel und Rehe. Nie zuvor hatte man soviel Wild gesehen.

Sehr bald kam der Mann angerannt und rief seiner Frau zu: »Wer hat meine Tiere fortgetrieben?«

Und sie erwiderte: »Der Hund und der Stock sind nun dort drinnen.«

»Hab ich dir's nicht gesagt!« schimpfte der Mann, »das war es, wonach sie gesucht haben. Jetzt siehst du, was du angerichtet hast«, und er griff nach Pfeil und Bogen und wartete darauf, daß die beiden wieder aus der Höhle herauskommen würden.

Die beiden aber waren schlau. Als das letzte der in der Höhle versteckten Tiere, ein großer Büffelbulle, heraustrottete, packten sie sein Haar unter dem Hals und krallten sich daran fest. So entdeckte sie der Mann nicht. Als sie endlich weit draußen auf der offenen Prärie waren, nahmen sie wieder ihre ursprüngliche Gestalt an und trieben die Büffel auf das Lager des Stammes zu, gegen eine Klippe hin. Aber gerade als das Leittier kurz vor dem Abhang war, kam ein Rabe angeflattert und krächzte. Da nahm die ganze Herde einen anderen Weg.

Und immer, wenn die Indianer die Büffel wieder in die Nähe der Klippe getrieben hatten, zeigte sich der Rabe wieder und scheuchte die Tiere fort.

Da begriff der Alte Mann, daß der Rabe jener Bursche sein mußte, der die Büffel versteckt hatte.

Also ging er hin und verwandelte sich in einen Biber. Er legte sich an das Flußufer und tat so, als ob er tot sei. Sofort zeigte sich der Rabe, der sehr hungrig war, stieß herab und pickte nach ihm. Der Alte Mann hielt ihn an den Beinen und rannte mit ihm ins Lager. Dort berieten alle Häuptlinge, was mit dem Bösewicht geschehen solle.

Manche rieten dazu, ihn zu töten. Da mischte sich der Alte Mann ein und sagte: »Nein, das nicht, aber eine Strafe soll er bekommen«, und er band den Vogel in der Hütte rechts neben dem Rauchloch fest.

Im Laufe der Zeit wurde der Rabe immer schwärzer, und seine Augen waren entzündet von dem dicken Rauch, ständig rief er nach dem Alten Mann und bat um Gnade. Eines Tages band ihn der Alte Mann los und hieß ihn seine wahre Gestalt annehmen.

»Warum hast du versucht, den Alten Mann zu betrügen«, schalt er ihn, »sieh mich an. Ich kann nicht sterben. Von allen Menschen und Stämmen bin ich der Häuptling. Ich bin unsterblich. Ich mache die Gebirge. Sie stehen noch immer. Ich habe die Prärien und die Felsen geschaffen. Du siehst sie doch. Lauf zu deiner Frau und zu deinem Kind, und wenn du hungrig bist, dann geh auf die Jagd wie die anderen auch, oder du wirst bald sterben.«

Der Alte Mann bei der Sonne

▲▲▲▲▲▲▲▲

Einst reiste der Alte Mann umher und kam zur Wohnung der Sonne. Die Sonne lud ihn ein, doch eine Weile bei ihr auf Besuch zu bleiben. Der Alte Mann war es zufrieden.

Eines Tages war alles Fleisch fort, und die Sonne sprach: »Kyi! Was hältst du davon, Alter Mann, sollten wir nicht gehen und ein paar Rehe erlegen?«

»Einverstanden«, erwiderte der Alte Mann, »ich mag Rehfleisch.«

Die Sonne nahm einen Beutel und holte ein Paar wunderbarer Leggins heraus. Sie waren mit Stachelschweinborsten und hellen Federn verziert.

»Dies«, sagte die Sonne, »sind meine Jagdleggins. Sie sind eine große Medizin. Alles, was ich tun muß, ist, diese Leggins anzulegen und in ihnen um ein mit Buschwerk bewachsenes Stück Land herumlaufen, und schon fängt es Feuer, und die Rehe springen heraus, und ich kann sie erschießen.«

»Hai-yah!« rief der Alte Mann, »das ist ja großartig.« Er beschloß bei sich: Diese Leggins mußt du haben, und wenn du sie stehlen müßtest!

Sie gingen also auf die Jagd, und bei dem ersten Stück Land, das mit Gestrüpp und Sträuchern überwuchert war, ging die Sonne nahe heran. Sofort fing das Buschwerk Feuer. Eine Menge Rehe mit weißem Schwanz sprangen heraus. Eines davon erlegten sie.

In der Nacht, als sie zu Bett gingen, zog die Sonne ihre Leggins aus und legte sie neben sich. Der Alte Mann paßte dabei gut auf, und mitten in der Nacht, als alles schlief, stahl er sie und lief fort. Er reiste eine lange Zeit, bis er sehr müde wurde. Da faltete er die Leggins zusammen, legte sie unter seinen Kopf und schlief ein.

Am Morgen hörte er jemanden sprechen. Es war die Sonne, die sagte: »Alter Mann, wie kommen meine Leggins unter deinen Kopf?« Er sah sich um und merkte, daß er sich wieder in der Hütte der Sonne befand. Er meinte, im Kreis gelaufen zu sein, ohne es bemerkt zu haben. Und wieder fragte die Sonne: »Alter Mann, wie kommen meine Leggins unter deinen Kopf.«

»Oh«, erwiderte er, »ich konnte kein Kissen finden. Also habe ich mich auf diese Leggins gelegt.« Wieder wurde es Nacht, und wieder stahl der Alte Mann die Leggins und rannte fort. Diesmal hielt er erst inne, als es Morgen zu werden begann. Dann legte er sich hin, um zu schlafen.

Ihr begreift, was für ein Narr er war. Er wußte nicht, daß doch die ganze Welt die Hütte der Sonne ist. Er wußte nicht, daß, wie weit er auch rannte, er der Sonne nie ganz entkommen konnte.

Als es Morgen wurde, befand er sich also wieder in der Hütte der Sonne. Aber diesmal sagte sie: »Alter Mann, da dir meine Leggins so gut gefallen, will ich sie dir schenken. Du kannst sie behalten.« Da war der Alte Mann sehr froh und ging fort.

Eines Tages besaß er nichts mehr zu essen. Also legte er seine Leggins an und setzte ein Gestrüpp in Brand.

Er wollte gerade eines der Rehe töten, die aus dem Buschwerk herausgesprungen waren, als er merkte, daß das Feuer ihm selbst bedrohlich nahe kam. Da rannte er fort, so rasch er konnte, aber das Feuer holte ihn ein und begann, seine Beine zu versengen. Die Leggins fingen Feuer. Er kam an einen Fluß und sprang hinein, und so rasch er konnte, streifte er die Leggins ab. Sie waren zu Fetzen verbrannt. Vielleicht hatte das die Sonne so eingerichtet, weil er doch zuerst zweimal versucht hatte, ihr die Leggins zu stehlen.

Der wunderbare Vogel

▲▲▲▲▲▲▲▲

Eines Tages ging der Alte Mann im Wald umher. Da sah er etwas Merkwürdiges. Ein Vogel saß auf einem Ast, gab einen seltsamen Laut von sich, und immer, wenn dieses Geräusch ertönte, sprangen dem Vogel die Augen aus dem Kopf und blieben am Baum hängen. Dann gab er einen anderen Laut von sich, und die Augen sprangen wieder zurück in ihre Höhlen.

»Kleiner Bruder«, rief der Alte Mann, »das mußt du mich auch lehren.«

»Wenn ich dir zeige, wie man es macht«, erwiderte der Vogel, »darfst du dann aber deine Augen nicht öfter als dreimal am Tag aus dem Kopf springen lassen. Wenn du nicht auf mich hörst, wird es dir leid tun.«

»Wie du sagst, Kleiner Bruder. Du kennst den Trick. Ich höre dir zu.«

Als nun der Alte Mann von dem Vogel gelernt hatte, seine Augen herausspringen zu lassen, war er sehr froh und versuchte es gleich dreimal. Dann hielt er inne.

»Ach, der Vogel hat keinen Verstand«, sagte er bei sich, »warum soll ich es denn nicht öfter als dreimal tun. Ich will es doch mal versuchen.«

Also tat er es ein viertes Mal, aber nun konnte er die Augen nicht mehr zurückrufen. Also hieß er den Vogel kommen und sagte: »Kleiner Bruder, bitte hilf mir, daß ich wieder zu meinen Augen komme.«

Der kleine Vogel gab keine Antwort. Er flog fort. Dann suchte der Alte Mann mit seinen Händen den Baumstamm ab. Er konnte seine Augen nicht finden. Er wanderte lange

143

Zeit umher, klagte und rief die Tiere zu Hilfe. Ein Wolf neckte ihn. Der Wolf hatte einen toten Büffel gefunden. Er riß ein verwestes Stück Fleisch, das übel roch, und hielt es dem Alten Mann unter die Nase.

»Ich rieche etwas Totes«, sagte der Alte Mann, »ich wünschte, ich könnte es finden. Ich sterbe fast vor Hunger.« Und er versuchte danach zu greifen. Der Wolf neckte ihn weiter mit dem Stück Aas. Da schlug der Alte Mann plötzlich nach ihm, riß ihm das Auge aus und setzte es sich in seine Augenhöhle. Da sah er und fand seine eigenen Augen wieder, aber den Zaubertrick des kleinen Vogels versuchte er nie wieder.

Die verlorene Frau

▲▲▲▲▲▲▲▲

I.

Vor langer Zeit einmal lagerten die Blackfeet am Backfat Creek. Da gab es in dem Lager einen Mann, der hatte eine Frau, von der er sehr viel hielt. Er mochte nie zwei Frauen haben. Zeit verging, und sie bekamen ein Kind, ein kleines Mädchen.

Gegen Ende des Sommers wollte die Frau Beeren pflücken gehen, und sie bat ihren Mann, sie zu einer bestimmten Stelle zu bringen, an der die Beeren wuchsen.

Der Mann sagte zu seiner Frau: »Um diese Zeit gehe ich nicht gern an diese Stelle. Es treiben sich dort immer Krieger der Snake und der Crow herum.«

Aber die Frau bat weiter, und nachdem sie ihren Mann lange genug bedrängt hatte, willigte der schließlich ein.

Sie brachen auf, und viele andere Frauen gingen ebenfalls mit.

Als sie nun in die Gegend kamen, in der die Beeren wuchsen, sagte der Mann zu seiner Frau: »Dort unten in dieser Schlucht gibt es viele Beeren. Steig jetzt hinunter und pflücke sie, und ich will auf jenen Hügel klettern und Wache halten. Wenn ich jemanden kommen sehe, werde ich euch rufen, dann müßt ihr schnell bei euren Pferden sein und davonreiten.«

Also machten sich die Frauen an die Arbeit. Der Mann bezog seinen Posten und sah über das Land hin. Nach einer Weile blickte er zufällig zu einer anderen Schlucht, nicht weit entfernt, und sah, daß dort viele Krieger ritten.

Sie hielten auf ihn zu, und er rief, so laut er konnte, um die Frauen zu warnen: »Lauft zu euren Pferden und rettet euch, der Feind will uns überfallen.«

Die Frauen begannen zu rennen, und er warf sich auf sein Pferd und folgte ihnen. Der Feind setzte ihnen nach. Der Mann machte sich bereit, um die Frauen zu verteidigen.

Nachdem sie ein Stück geritten waren, hatte der Feind so weit aufgeholt, daß er nun den Blackfoot und die Frauen mit Pfeilen beschießen konnte. Der Mann ritt hin und her, hinter der Gruppe der Frauen. Er schlug auf ihre Pferde ein, mal auf dieses, mal auf jenes, damit sie rascher liefen. Der Feind kam immer näher, und endlich war er so nahe, daß er nun mit seinen Lanzen zustoßen konnte. Der Mann versuchte, den Stichen auszuweichen, indem er sich mal auf diese, dann wieder auf die andere Seite seines Pferdes fallen ließ.

Schließlich wurde ihm klar, er werde auf die Dauer nicht alle Frauen verteidigen können. Also entschloß er sich, jene, die die langsamsten Pferde ritten, den Feinden zu überlassen, um mit jenen, die auf guten Pferden saßen, davonzukommen.

Nachdem er diesen Entschluß gefaßt hatte, war er aufgeregt und ritt voraus, aber wie er an der Gruppe der Frauen vorbeikam, hörte er eine neben sich rufen: »Bitte, laß mich doch nicht zurück!«

Er sah hin und erkannte, daß es seine Frau war. Er sagte zu ihr: »Für mich ist kein Leben mehr. Aber du bist eine hübsche Frau. Dich werden sie nicht töten.«

Sie antwortete: »Nimm mich mit, ich bitte dich. Laß mich nicht zurück. Mein Pferd ist erschöpft. Nimm mich mit auf dein Pferd, und wenn wir gefangen werden, wollen wir zusammen sterben.«

Als er das hörte, rührte es ihn im Herzen, und er sagte: »Gut, Frau, ich werde dich nicht zurücklassen. Spring hinter mir auf.« Der Feind war nun schon nahe heran. Er hatte schon einige Frauen getötet und andere gefangen. Die Krieger der Snake waren so nahe bei dem flüchtenden Mann, daß sie ihn mit ihren Keulen treffen konnten. Sein Pferd war von Pfeilen getroffen worden, aber es war ein gutes, starkes und schnelles Pferd.

Seine Frau, die knapp hinter ihm ritt, sprang also bei ihm auf. Als dies geschehen war, hatten die Feinde vollends aufgeschlossen. Sie ritten nun nicht nur hinter ihm her, sondern auf gleicher Höhe neben ihm, aber sie wagten es nicht, ihn mit Pfeilen zu beschießen, weil sie fürchteten, ihre eigenen Leute zu treffen. Also hieben sie auf den Mann mit ihren Kriegskeulen ein. Aber da sie die Frau nicht töten wollten, verletzten sie auch ihn nicht. Sie beugten sich vielmehr weit vor und versuchten, die Frau vom Pferd zu zerren, die aber hatte ihren Arm um den Leib ihres Mannes gelegt, hielt sich fest, und es gelang ihnen nicht, sie vom Pferd zu reißen, wohl aber zerfetzten sie ihre Kleider. Da sie sich an ihrem Mann festhielt, konnte der nicht nach seinen Pfeilen greifen und sich verteidigen. Sein Pferd wurde nun auch immer langsamer, und die Feinde hatten weiter aufgeholt und umkreisten sie.

Da sagte der Mann zu seiner Frau: »Fürchte dich nicht, sie werden dich gefangennehmen. Aber sie werden dich nicht töten. Du bist zu hübsch, als daß sie dich totschlagen würden.«

Seine Frau erwiderte: »Hast du nicht immer gesagt, wir wollten zusammen sterben?«

Als der Mann einsah, daß er seine Frau nicht würde bewegen können, sich vom Pferd fallen zu lassen, sagte er: »Sieh mal, du drängst mich ganz und gar an den Hals des Pferdes. Rutsch etwas nach hinten.«

Sie tat so, und als sie ziemlich weit hinten auf dem Pferd saß, versetzte er ihr einen Stoß, und sie fiel herunter.

Nun lief das Pferd auch wieder schneller. Der Mann konnte seinen Bogen gebrauchen, und bald hatte er wieder

einen Vorsprung. Auch wenn der Feind jetzt nahe herankam, konnte er sich verteidigen, und als seine Verfolger
sahen, daß auch sie ihr Leben aufs Spiel setzten, ließen
immer mehr von ihm ab. Nur zwei seiner Feinde ver-
mochte er nicht abzuschütteln. Alle anderen waren weit
zurückgefallen. Sie ritten nun zu der Stelle, an der die anderen die Frauen getötet hatten oder gefangengenommen.
Nach einer Weile sprang der Mann von seinem Pferd, um
zu Fuß zu kämpfen, und auch seine beiden Verfolger gingen nun aus dem Sattel. Der Mann sah, daß der eine von
links, der andere von rechts auf ihn zukam. Er griff sich
eine Handvoll Pfeile und wollte zuerst dem einen, dann
dem anderen entgegen.

Der eine von den Snakes war ein Feigling und lief davon.
Der zweite aber war ein tapferer Mann, der nicht müde
wurde, Pfeile gegen ihn abzuschießen. Der Blackfoot
selbst aber wartete, bis sein Gegner ganz nahe an ihn herangekommen war. Dann sprang er auf ihn und tötete ihn
mit seiner Steinaxt. Darauf rannte er dem Feigen nach,
holte den ein und tötete auch ihn.

Nun skalpierte er beide, nahm ihnen die Pfeile, ihre Pferde
und ihre Steinmesser ab und ritt heim.

Als er aber ins Lager einritt, weinte er über den Verlust
seiner Frau.

Vor seinem Zelt, als er vom Pferd gestiegen war, fragten
ihn seine Freunde, was geschehen sei. Er erzählte ihnen,
wie alle Frauen getötet oder gefangengenommen worden
seien, wie zwei der Feinde ihn verfolgt hätten, wie er mit
ihnen gekämpft und sie getötet habe, und dann zeigte er
ihnen die Pfeile, die Pferde und die Skalps. Den Verwandten der Frauen berichtete er von ihrem Tod, und es erhob
sich große Trauer.

Am nächsten Morgen wurde Rat gehalten, und man beschloß, eine Abteilung Krieger auszusenden, die nachfor-
schen sollten, was aus den Frauen geworden war. Als sie

zu der betreffeden Stelle kamen, fanden sie tatsächlich alle
Frauen erschlagen, bis auf das Weib des Mannes. Dieses
konnten sie nicht finden. Sie stießen auch auf die Leichen
der zwei Krieger, die der Mann getötet hatte, und außerdem noch auf mehrere andere, die er bei der Verfolgungs-
jagd erschossen hatte.

II.

Als er ins Lager zurückgekommen war, hatte der Mann
sein Kind aufgenommen und es sich auf den Rücken gelegt. Er war im Lager herumgelaufen, klagend und schrei-
end, und auch das Kind weinte vier Tage und vier Nächte.
Dann war der Mann völlig erschöpft und schlief ein.
Als die anderen Leute sahen, wie er da ging und trauerte,
nichts aß und nichts trank, hatten sie großes Mitleid mit
ihm und dem Kind, denn er war ein sehr beliebter
Mann.
Der Häuptling des Lagers kam und redete zu ihm so:
»Nun, Freund, wie hast du dich entschieden? Was wirst du
tun?« Der Mann antwortete: »Mein Kind ist einsam. Es
mag nicht essen. Es ruft nach seiner Mutter.«
Der Häuptling sagte: »Ich weiß dir auch keinen Rat.«
Dann gingen sie herum zu allen Zelten, und der Mann entschloß sich, fortzugehen und seine Frau zu suchen.
Nun lebte im Lager ein starker Medizinmann, der nicht
verheiratet war und auch nicht heiraten mochte. Er hatte
gesagt: »Ich hatte einen Traum, und darin wurde mir pro-
phezeit, ich dürfe nie eine Frau nehmen.«
Der Mann aber, der seine Frau verloren hatte, besaß eine
sehr schöne Schwester, die auch nicht verheiratet war. Sie
war sehr stolz und sehr hübsch. Viele Männer hatten sie
heiraten wollen, sie aber wollte nichts mit Männern zu tun
haben. Der Medizinmann war insgeheim in dieses Mäd-

chen verliebt. Als er nun vom Mißgeschick des Mannes vernahm, ließ er ihm ausrichten: »Ich habe zwar versprochen, nie eine Frau zu nehmen, aber wenn du mir deine schöne Schwester gibst, mußt du nicht selbst fortgehen und nach deiner Frau suchen. Ich werde durch einen geheimen Helfer nach ihr suchen lassen.«

Als das das junge Mädchen hörte, ließ sie dem Medizinmann sagen: »Ja, wenn du meines Bruders Frau wieder heimbringst und ich sie neben ihm sitzen sehe, werde ich dich heiraten, aber eher nicht.«

Aber sie meinte nicht, was sie da sagte. Sie wollte ihn täuschen. Sie dachte gar nicht daran, ihn zu heiraten.

Nachdem der Medizinmann diese Nachricht von ihr erhalten hatte, ließ er sie und ihren Bruder in sein Zelt kommen und sagte zu dem Mann: »Wenn ich deine Frau zurückbringe, gibst du mir dann deine Schwester zum Weibe?«

Der Mann antwortete zustimmend. Das Mädchen sagte nichts. Darauf sprach der Medizinmann zu ihnen: »Geht jetzt. Um Mitternacht werdet ihr mich singen hören.«

Er schickte alle Leute aus seinem Zelt fort und sagte: »Ich schließe jetzt die Tür. Ich will nicht, daß jemand heute nacht hereinkommt oder ins Zelt schaut. Heute nacht kommt zu mir ein Geist.«

Dann zündete er ein Feuer an und begann, all seine Medizin hervorzuholen. Er wickelte seine Bündel auf, nahm seine Pfeife heraus, seine Rasseln und die anderen Utensilien. Nach einiger Zeit, als das Feuer heruntergebrannt war, als nur noch Glut glomm, warf er duftende Kräuter ins Feuer, süßes Gras, süße Kiefern, um so den Traumhelfer herbeizulocken. Um Mitternacht hörte man ihn singen, und dann vernahmen die Leute plötzlich eine seltsame Stimme im Zelt, die sprach: »Hier, mein Gebieter, ich bin gekommen. Was ist zu tun?«

Der Medizinmann sagte: »Ich will, daß du mir hilfst.«

Die Stimme sagte: »Ja, das weiß ich, und ich weiß auch, was ich tun soll.«

Der Medizinmann fragte: »Was ist es?«

Die Stimme sagte: »Du willst, daß ich gehe und die Frau hole.«

Der Medizinmann antwortete: »Genau das will ich. Ich will, daß du gehst und die verlorene Frau hierherbringst.«

Die Stimme sagte: »Habe ich dir nicht geboten, mich nur dann zu rufen, wenn du meine Hilfe sehr dringend nötig hast?«

Der Medizinmann antwortete: »Ja, aber das Mädchen, das nie heiraten wollte, wird mir zur Frau gegeben werden, wenn du mir hilfst.«

Da sagte die Stimme: »Oh!«, und für einen Moment war es stille. Und weiter redete die Stimme: »Wir sind dir gewogen. Du bist lange Zeit nicht verheiratet gewesen. Also werden wir dir helfen. Du sollst dieses Mädchen bekommen. Ja, wir haben Mitleid mit dir. Wir werden nach dieser Frau suchen, aber ich kann nicht versprechen, daß wir sie hierherbringen können. Versuchen werden wir es. Wir werden gehen, und in vier Nächten werden wir zur selben Zeit zurück sein, und ich hoffe, ich habe dann die verschleppte Frau bei mir. Während ich fort bin, laß niemanden wissen, was hier vorgeht. Jetzt gehe ich.«

Darauf hörten die Leute, die draußen lauschten, das Gräusch wie von starkem Wind und dann nichts mehr. Der Geist war verschwunden.

Einige Leute gingen und erzählten der Schwester, was der Medizinmann und die Stimme miteinander besprochen hatten. Das Mädchen war sehr niedergeschlagen. Es weinte, weil es sich fürchtete, nun doch heiraten zu müssen, aber dann tröstete es sich mit der Vorstellung, daß es dem Geistwesen vielleicht doch nicht gelingen werde, seinen Auftrag auszuführen.

III.

Die Traumgestalt des Medizinmannes lief spät nachts noch bis zum Lager der Snake, des Feindes. Die Frau, die dort gefangen saß, weinte über den Verlust ihres Ehemannes und ihres Kindes. Sie hatte jetzt einen anderen Mann: jenen Mann, dem sie in die Hände gefallen war.

Als sie nun des Nachts in dem Zelt ihres Snake-Mannes lag und vor Kummer weinte, kam die Traumgestalt zu ihr. Ihr Mann schlief. Die Traumgestalt stieß sie an. Sie sah auf und erkannte, daß da jemand vor ihr stand, aber sie wußte nicht, wer das war. Die Traumgestalt flüsterte ihr ins Ohr: »Steh auf, ich bringe dich heim.«

Die Frau drehte sich von ihrem Mann fort. Die Traumgestalt schlich unterdessen schon zur Tür. Die Traumgestalt war schon aus der Hütte. Die Frau ging hinterdrein. Sie wies den Weg, und die Frau ging mit ihr. Sie kamen rasch voran. Nachdem sie ein gutes Stück Weges zurückgelegt hatten, bat die Frau die Traumgestalt stehenzubleiben. Sie war müde. Als sich die Frau hinsetzte, setzte sich auch die Traumgestalt, aber sie sprach nicht mit der Frau. Sie zogen weiter, und wieder wollte die Frau ausruhen. Sie war schrecklich müde, und nachdem sie sich hingesetzt hatte, schlief sie ein.

Als sie aufwachte und sich umschaute, bemerkte sie, wie die Traumgestalt von ihr wegging. Sie sprang auf und folgte ihr rasch.

Wenn der Tag begann, war die Gestalt ihr jeweils weit voraus, aber bei Nacht blieb sie immer nahe. Wenn die Frau mit der Traumgestalt sprach, nannte sie diese »junger Mann«.

Einmal sagte sie: »Junger Mann, meine Mokassins sind ganz durchgelaufen. Meine Füße werden wund. Ich bin müde und hungrig.«

Als sie das gesagt hatte, setzte sie sich wieder und schlief ein. Die Traumgestalt schlich sich davon.

Sie ging zur Hütte des Medizinmannes.

In dieser Nacht hörten die Leute den Medizinmann wieder singen. Da war ihnen klar, daß die Traumgestalt wieder erschienen war. Der Medizinmann hatte sein Bündel geöffnet, hatte seine Utensilien herausgenommen. Er hatte wieder Kräuter und Harz auf die Glut geworfen.

Die da lauschten, hörten eine Stimme sagen: »Nun, mein Häuptling. Ich bin zurück. Ich bringe die Frau, nach der du mich ausgeschickt hast. Aber sie ist sehr hungrig, und ihre Mokassins sind durchgelaufen. Gib mir diese Sachen, und ich werde sie ihr bringen.«

Der Medizinmann rief den Mann, der um seine Frau trauerte. Der kam mit dem Kind auf dem Rücken, und der Medizinmann sagte zu ihm: »Besorg mir rasch ein Paar Mokassins, die deiner Frau passen, und dazu auch etwas zu essen. Ich will ihr beides schicken. Sie kommt jetzt.«

Der Mann ging zu seiner Schwester und ließ sich von ihr neue Mokassins und etwas Pemmikan geben. Sie schnürten ein Bündel, brachten es dem Medizinmann. Der gab es der Traumgestalt, und wieder verschwand diese aus der Hütte mit dem Geräusch des Windes.

IV.

Als die Frau am Morgen erwachte und aufstehen wollte, stieß sie mit dem Gesicht gegen das Bündel, das vor ihr lag, und als sie es öffnete, fand sie die Mokassins und den Pemmikan. Sie zog die Schuhe an und aß und sah sich nach der Traumgestalt um. Diese saß da, das Gesicht von ihr abgewandt. Als die Frau fertig geworden war mit dem Essen, stand die Traumgestalt auf. Auch die Frau erhob sich und folgte ihr. Sie gingen und gingen, und die Frau dachte:

Jetzt sind wir schon zwei Tage und zwei Nächte zusammen unterwegs, und ich weiß immer noch nicht, was das eigentlich für ein Mann ist. Er scheint sich überhaupt nicht um mich zu kümmern. Sie entschloß sich, rascher zu gehen, und versuchte, ihn zu überholen. Aber wie sehr sie sich auch anstrengte, sie konnte ihn nicht einholen. Ob sie schnell oder langsam lief, es war immer derselbe Abstand zwischen ihnen. Sie reisten, bis es Nacht wurde, und dann legte sie sich wieder hin, um zu schlafen. Sie träumte, der junge Mann habe sie wieder verlassen.

Tatsächlich war die Traumgestalt fortgegangen, nämlich wieder zum Zelt des Medizinmannes, und dort sagte sie: »Mein Herr und Gebieter, da bin ich wieder. Ich bringe die Frau. Sag dem Ehemann, er soll ein Pferd nehmen und zum Milk (Teton) River zurückreiten. An dem hohen Hügel gegen den Muddy hin soll er warten, bis es hell geworden ist. Wenn die Sonne aufgeht, wird er eine Herde Antilopen sehen, die auf ihn zugerannt kommt. Seine Frau hat diese Antilopen aufgescheucht. Er soll dann noch etwas warten. Er wird dann jemanden kommen sehen. Seine Frau wird des Weges kommen. Sie hat die ganze Zeit um ihn geweint. Sie wird sich freuen, mit ihm wieder vereint zu sein.«

Der Ehemann schwang sich, nachdem, er diese Mitteilung von dem Medizinmann bekommen hatte, auf sein Pferd und ritt zu der bezeichneten Stelle. Er konnte gar nicht glauben, daß er seine Frau wiederbekommen werde. Aber er ritt dorthin. Als er schließlich kurz nach Sonnenaufgang eine Herde Antilopen auf sich zukommen sah, wußte er, daß man ihn nicht zum Narren gehalten hatte. Er saß da eine Weile, aber etwas anderes als die Antilopen zeigte sich nicht. Da wurde er zornig und dachte: »Es wird wohl doch alles Schwindel sein!« Er wollte gerade wieder sein Pferd besteigen und heimreiten, da sah er ganz weit fort auf der Prärie einen kleinen, dunklen Punkt. Er schien sich kaum zu bewegen, so weit entfernt war er. »Vielleicht ein Felsen«, sagte er sich. Er setzte sich wieder und beobachtete den Punkt durch ein paar Grashalme. Jetzt erkannte er, daß sich der Punkt bewegte. Er bestieg sein Pferd und ritt in diese Richtung, um nachzusehen, was es sei. Er ritt eine Schlucht hinauf. Er kam näher, und dann erkannte er, daß es jemand war, der zu Fuß ging. Er nahm seinen Bogen hoch und machte ihn schußbereit. Als die Gestalt noch näher herangekommen war, sah er, daß es tatsächlich seine Frau war. Als er sie erkannte, mußte er weinen. Die Frau erkannte zuerst das Pferd, dann erst den Mann, der es ritt. Sie freute sich so, daß sie zu Boden sank und gar nichts mehr wußte.

Nachdem sie wieder zu sich gekommen war und die beiden miteinander gesprochen hatten, stiegen sie auf das Pferd und ritten ins Lager. Als sie auf das ebene Feld vor dem Dorf kamen und die Leute des Stammes sie erkannten, riefen sie:

»Hier kommt der Mann, und er hat seine Frau wieder!« Sie waren froh, daß er sie heimbrachte, denn der Mann war sehr beliebt. Sie hielten alle viel von ihm. Sie mochten auch seine Frau und die Art, in der er mit ihr umging.

Dann wurde das hübsche Mädchen mit dem Medizinmann verheiratet.

Zuerst war sie noch traurig und ängstlich. Aber als er erst einmal mit ihr geschlafen hatte, fand sie es dann doch ganz schön, mit einem Mann verheiratet zu sein.

Schwerer Kragen und die Geisterfrau

▲▲▲▲▲▲▲▲

Das Blood-Dorf befand sich am Old Man's River, dort wo Fort McLeod heute steht. Eine Gruppe von sieben Männern zog ins Gefecht gegen die Zypressenhügel hin. Schwerer Kragen war ihr Anführer. Sie umgingen die Zypressenberge und fanden keinen Feind. Darauf kehrten sie um.

Auf dem Heimweg ging Schwerer Kragen den anderen voran. Er ging weit voraus in die höheren Berge hinein und schaute über das Land hin als Späher dieser Gruppe. Schließlich kamen sie an den südlichen Arm des Saskatchewan-Flusses, oberhalb von Seven Persons Creek. In jenen Tagen zogen viele Trupps dort umher, und deswegen reiste die Gruppe, wenn möglich, immer in Senken und Niederungen.

Als sie nun dem Fluß aufwärts folgten, sahen sie in einiger Entfernung drei alte Büffelbullen, die nahe einem Einschnitt am Ufer lagen.

Schwerer Kragen verließ die Gruppe, schlich sich an, und als er zum Schuß kam, tötete er eines der Tiere auf der Stelle. Er schnitt es auf, denn er war hungrig. Dann ging er in eine Schlucht, um sich ein Stück Fleisch zu braten. Die Gruppe der anderen Krieger war noch weit zurück, und es begann dunkel zu werden.

Als er nun das Fleisch röstete, überlegte er: »Schade eigentlich, daß ich nicht einen der jungen Männer bei mir habe. Den könnte ich jetzt noch einmal hinaufschicken, damit er das Haar des Büffels, das auf seinem Schädel wächst, holt. Um das Gewehr auszuputzen, könnte ich es gut gebrauchen.« Während er mit sich selbst sprach und darüber nachdachte, kam ein Büschel Haare angeweht und fiel unmittelbar vor ihm nieder.

Als das geschah, wurde ihm angst, denn er meinte, daß vielleicht der Feind in der Nähe sei und er das Haarbüschel herabgeworfen habe.

Nach einer Weile nahm er die Haare auf und säuberte damit sein Gewehr. Dann lud er es, setzte sich und wartete.

Es war ihm unbehaglich, und endlich beschloß er, weiter den Fluß hinaufzugehen und sich dort umzusehen.

Er lief zu, bis er an die Mündung des St. Mary Flusses kam. Es war schon spät in der Nacht, und er war recht müde geworden. Also kroch er unter ein Büschel Gerstengras und machte es sich dort für die Nacht bequem.

Im Sommer zuvor hatten die Blackfeet in dieser Schlucht kampiert, und eine Frau war an eben der Stelle, an der sich Schwerer Kragen zur Ruhe gelegt hatte, getötet worden. Er wußte das nicht, aber etwas beunruhigte ihn. Er konnte nicht einschlafen. Er hörte immerfort irgend etwas, aber er konnte nicht herausfinden, was es war. Er versuchte zu schlafen, aber als er dann tatsächlich einschlief, war es ihm wieder, als höre er in einiger Entfernung ein Geräusch. Er verbrachte die Nacht also dort, und am Morgen, als es hell wurde, sah er unmittelbar neben sich das Skelett der Frau, die im Sommer zuvor dort ums Leben gekommen war.

Am Morgen ging er weiter. Er folgte dem Flußlauf zum Belly River hin. Den ganzen Tag war er unterwegs und dachte daran, daß er auf den Knochen der toten Frau geschlafen hatte. Gleichzeitig war er sehr müde, weil er so lange gelaufen war und so schlecht geschlafen hatte. Als die Dunkelheit fiel, ging er hinüber auf eine Insel und beschloß, dort über Nacht zu bleiben. Am oberen Ende der Insel lag ein großer Baum, der angetrieben worden war, und in der Gabelung der großen Äste setzte er sein Feuer und wärmte sich, als es brannte. Die ganze Zeit über mußte er an die Frau denken, neben der er in der letzten Nacht geschlafen hatte. Als er so dasaß, hörte er plötzlich auf der anderen Seite des Feuers ein Geräusch. So als ob sich jemand zu ihm hin schleppe. Es klang, als ob man den Teil eines Zeltes durch das Gras zerrt. Das Geräusch kam immer näher.

Schwerer Kragen war beunruhigt. Er wagte nicht, seinen Kopf zu wenden und nachzuschauen, was da komme. Er hörte, wie das Geräusch sich dem Baum näherte, in dem er sein Feuer gemacht hatte, und dann war es still, bis man schließlich wieder jemanden eine Melodie pfeifen hörte.

Er wandte sich nun doch um und blickte in die Richtung des Lauts. Da saß in der Gabel des Baumes, ihm genau gegenüber, ein Haufen Knochen.

Der Geist trug eine Zeltverkleidung. Den Strick, der sonst am Pfahl befestigt wird, hatte das Gespenst um den Nakken, und hinter dem Geisterwesen sah man das Zelt aufgestellt, aber in der Dunkelheit verblassend. Das Gespenst saß auf dem alten toten Ast, pfiff eine Melodie und schlenkerte dazu mit den Beinen.

Als Schwerer Kragen es sah, sprang ihm fast das Herz aus dem Hals. Endlich faßte er wieder Mut und sagte:

»Fort mit dir. Ich bin müde. Ich will meine Ruhe.« Aber je inständiger er bat, desto lauter pfiff der Geist. Es schien ihm zu gefallen, er schwang seine Beine und wandte den Kopf mal auf die eine, dann wieder auf die andere Seite. Er sah den Mann an, blickte dann wieder hinauf zu den Sternen, und immer pfiff er dabei. Als er nun sah, daß die Geisterfrau von seinen Bitten keine Notiz nahm, wurde Schwerer Kragen ärgerlich und sprach:

»Nun, Geisterweib, wenn du auf meine Bitten nicht hörst, werde ich dich erschießen müssen.«

Er griff nach seinem Gewehr und gab sofort einen Schuß ab.

Die Geisterfrau stürzte rückwärts in die Dunkelheit und schrie auf: »Oh, Schwerer Kragen, du hast mich erschossen, du hast mich getötet. Du Hund. Es soll keinen Platz auf Erden geben, an dem du dich verstecken kannst, ohne daß ich dich finden werde.«

Als sie nach hinten kippte und dies rief, sprang Schwerer Kragen auf und rannte fort, so schnell er konnte. Sie rief ihm nach: »Ich bin einmal getötet worden, und nun hast du versucht, mich abermals zu töten. Weh dir, Mann!«

Während er rannte, hörte er an ihrem Fluchen, daß sie immer noch hinter ihm her war. Er rannte die ganze Nacht hindurch, und wann immer er stehenblieb, hörte er in einiger Entfernung das Echo ihrer Stimme. Er brauchte nur zu hören: »Weh dir, Mann!«, und schon stürzte er weiter. Er rannte, bis er völlig erschöpft war, und unterdessen war es auch hell geworden. Er befand sich nun in einer ganz anderen Gegend, unterhalb von Fort McLeod. Er war schläfrig, aber er wagte es nicht, sich hinzulegen, denn er erinnerte sich, daß die Geisterfrau ihm gesagt hatte, sie werde ihm überallhin folgen. Er ging für einige Zeit etwas langsamer. Schließlich mußte er sich setzen. Er war so müde. Er schlief ein.

Ehe er die Abteilung der Krieger verlassen hatte, mit denen er unterwegs gewesen war, hatte er zu den jungen Männern gesagt: »Schärft euch das ein. Wenn einer von uns vom Rest der Gruppe getrennt werden sollte, geht er zu den Belly River Hügeln. Das ist ein guter Treffpunkt.«

Als ihr Anführer sich nicht sehen ließ, hielt die Gruppe folglich auf diese Stelle zu, quer durchs Land hin.

Schwerer Kragen war flußaufwärts gelaufen und weit vom Weg abgekommen. Als er nun erwachte, schlug er sofort die Richtung gegen den Höhenzug am Belly River hin ein, wie es abgesprochen worden war. Als die Gruppe die Berge erreichte, stieg einer von den Männern hinauf, um Ausschau zu halten.

Nach einiger Zeit, als er in Richtung des Flusses blickte, erkannte er, daß von dort her zwei Personen herankamen. Der Späher rief den anderen Männern zu: »Da kommt unser Häuptling. Er hat Glück gehabt. Er bringt eine Frau mit. Wenn er sie mit ins Dorf nimmt, wollen wir sie ihm ausspannen.«

Alle lachten. Sie vermuteten, er habe sie gefangen. Sie gingen also in ihr Lager, setzten sich ans Feuer und amüsierten sich bei der Vorstellung, daß ihr Häuptling eine Frau mitbringe. Als die beiden Personen näher kamen, konnte man erkennen, daß Schwerer Kragen schnell lief. Die Frau aber versuchte offenbar, mit ihm Schritt zu halten. Manchmal fiel sie etwas zurück, dann holte sie wieder auf. Ehe die beiden das Lager erreichten, mußten sie durch eine tiefe Schlucht. Zusammen stiegen sie hinab, aber auf der anderen Seite tauchte nur Schwerer Kragen wieder auf. Allein kam er ins Lager. Die jungen Männer begrüßten ihn, lachten und fragten: »Wo hast du denn diese Frau gelassen?«

Er sah sie einen Moment lang an. Dann sagte er: »Wieso. Ich habe keine Frau. Ich weiß gar nicht, wovon ihr redet.«

Einer sagte: »Ach, er hat sie dort in der Schlucht versteckt. Er hat sich nicht getraut, sie mit ins Lager zu bringen.«

Und wieder ein anderer: »Wo hast du sie gefangen? Zu welchem Stamm gehört sie denn?«

Schwerer Kragen sah einen nach dem anderen an und sagte dann: »Ich glaube, ihr seid verrückt. Ich habe keine Frau gefangen.«

Ein junger Mann sagte: »Aber vorhin war doch noch eine Frau bei dir. Wo kam sie her? Wo ist sie geblieben? Ist sie noch in der Schlucht? Wie haben sie doch alle gesehen. Es hat wirklich keinen Zweck, es abzustreiten, daß sie bei dir war. Ach komm, nun sag doch schon, wo sie ist!«

Als er das hörte, wurde es Schwerer Kragen bange ums Herz, denn er wußte, daß es die Geisterfrau gewesen sein mußte, und er erzählte ihnen, was er erlebt hatte. Einige der jungen Männer wollten es nicht glauben, und sie rannten hin zu der Stelle, an der sie die Frau zuletzt gesehen hatten. Im Staub zeichneten sich die Fußspuren von Schwerer Kragen ab, aber andere Spuren waren nicht zu entdecken.

Als sie nun davon überzeugt waren, daß Schwerer Kragen es mit einer Geisterfrau zu tun gehabt hatte, beschlossen sie, ins Hauptlager zurückzukehren. Die Krieger waren schon so lange unterwegs gewesen, daß ihre Mokkassins ganz zerfetzt waren und einige von ihnen Blasen an den Füßen hatten und nicht mehr gehen konnten.

Endlich erreichten sie das Lager.

An jenem Abend, an dem sie heimgekommen waren, feierten sie miteinander.

Es war schon ziemlich spät, und der Mond schien hell, als einer Schwerer Kragen einlud, zu ihm zu kommen und noch etwas zu essen.

»Ich komme gleich«, antwortete Schwerer Kragen. Er stand auf und verließ das Zelt. Er tat ein paar Schritte und setzte sich hin. Während er nun dort saß, kam ein großer Bär aus dem Gestrüpp. Schwerer Kragen suchte nach einem Stein, um ihn nach dem Bären zu werfen und ihn zu verscheuchen. Als er mit der Hand auf dem Erdboden tastete, geriet er an ein Stück Knochen, und da er gerade nichts anderes fand, warf er es dem Bären an den Kopf.

Da begann der Bär zu sprechen und sagte: »Was fällt dir ein, Schwerer Kragen. Du hast mich einmal getötet, und jetzt wirfst du etwas nach mir. Es gibt keinen Ort auf der Welt, an dem du mir entgehst. Ich finde dich überall.«

Als Schwerer Kragen das hörte, wußte er, daß es wieder die Geisterfrau war. Er sprang auf, rannte auf sein Zelt zu und schrie: »Lauft, lauft. Die Geisterfrau in Gestalt eines Bären ist da.«

Alle Leute im Dorf rannten zu seinem Zelt, so daß es dort

ein großes Gedränge gab. Im Zelt brannte ein großes Feuer, und der Wind blies hart von Westen. Männer, Frauen und Kinder waren eng zusammengerückt, denn sie fürchteten sich vor der Geisterfrau. Man hörte, wie sie umherging und murmelte: »Ich werde all diese Hunde töten. Keiner von ihnen wird entkommen.« Die Laute kamen näher und näher, bis sie unmittelbar vor dem Zelteingang gesprochen wurden. Da sagte sie: »Ich werde euch ausräuchern, bis ihr tot seid.«

Und dabei bewegte sie die Zeltstangen derart, daß der Wind durch das Rauchloch hereinblies. Weiter stieß sie die schlimmsten Verwünschungen aus. Das Zelt füllte sich mit Rauch. Die Kinder weinten, mußten husten und waren dem Ersticken nahe.

Also sprachen die Leute: »Laßt uns einen Mann hochheben, damit er das Rauchloch wieder in die richtige Lage bringt.«

Aber all solche Versuche schlugen fehl. Der Rauch im Zelt wurde immer dichter.

Schwerer Kragen sagte: »Ist's möglich, daß sie uns alle vernichtet? Ist denn niemand hier, der eine starke Traumkraft hat, um den Geist dieser Frau zu besiegen?«

Seine Mutter sagte: »Ich werde es versuchen. Ich bin älter als jeder andere unter euch. Ich will sehen, was sich tun läßt.«

Also holte sie ihr Medizinbündel hervor, bemalte sich, nahm die Pfeife, stopfte sie, zündete sie an und steckte den Stiel durch den Eingang des Zeltes nach draußen. Dann flehte sie die Geisterfrau an: »Hab doch Mitleid mit uns und geh fort. Was haben wir dir denn getan, daß du unseren Kindern einen solchen Schrecken einjagst? Nimm an, was ich dir anbiete, und laß uns in Frieden!«

Plötzlich kam die Stimme von hinten aus dem Zelt: »Nein, nein, nein. Ihr Hunde, ich will nicht auf euch hören. Ihr müßt alle sterben.«

Die alte Frau wiederholte ihr Gebet: »Geisterfrau, hab Mitleid mit uns. Nimm diesen Rauch als Zeichen der Versöhnung und zieh fort.«

Da antwortete die Geisterfrau: »Wie könnt ihr erwarten, daß ich vor dem Zelt rauche, da ich doch hinter dem Zelt bin. Bringt mir die Pfeife hier heraus. Ich habe keinen so langen Arm, um rund um das Zelt zu greifen.«

Also ging die alte Frau hinaus und hielt den Pfeifenstiel, so weit sie nur konnte, gegen den hinteren Teil des Zeltes hin.

Die Geisterfrau war immer noch unzufrieden. »Ich habe keine Lust, erst lange herumrennen zu müssen. Wenn ihr wollt, daß ich mit euch Versöhnung rauche, müßt ihr mir die Pfeife schon herbringen.«

Die alte Frau ging um die Hütte herum.

Die Geisterfrau wich plötzlich zurück und rief: »Nein, eine solche Pfeife rauche ich nicht.«

Die alte Frau aber blieb der Geisterfrau immer auf den Fersen, doch plötzlich hörte man sie schreien: »Hilfe, meine Kinder, die Geisterfrau schleppt mich fort.«

Schwerer Kragen stürzte aus dem Zelt, und zu den anderen sagte er: »Kommt, helft mit, meine Mutter aus den Klauen des Geisterwesens zu befreien.«

Er faßte die Mutter um die Hüfte und hielt sie fest, und ein anderer Mann faßte ihn um die Hüfte, und so bildeten die Leute des Lagers eine lange Kette, aber alle riß die Geisterfrau mit sich fort, während sie da draußen umherfuhr.

Plötzlich aber ließ die alte Frau die Pfeife los. Sie brach tot zusammen. Die Geisterfrau verschwand, nachdem sie sich ein Opfer geholt hatte, und ließ sich nie mehr sehen.

Die Bibermedizin

▲▲▲▲▲▲▲▲

Die Ereignisse dieser Geschichte liegen viele Jahre zurück, sie spielten sich ab zu einer Zeit, da die Stämme noch nicht miteinander im Krieg lagen. Damals war Friede. Wenn Indianer sich trafen, töteten sie einander nicht. Sie besaßen keine Gewehre und auch noch keine Pferde.

Wenn sich zwei Stämme begegneten, nahmen die beiden Oberhäuptlinge jeder einen Stab und berührten einander.

Jeder hatte dem anderen »einen Schlag beigebracht«, darauf gingen sie wieder zurück in ihre Lager. Es war eine mehr freundschaftliche denn feindliche Zeremonie.

Häufig, wenn eine Gruppe junger Männer in dem Lager eines anderen Stammes gewesen war, kamen sie zurück und erzählten dem Mädchen, das sie liebten, sie hätten dem Stamm dieses oder jenen Volkes »einen Schlag beigebracht«. Nach der Rückkehr der jungen Männer tanzten die Frauen. Jede trug die Kleider des Mannes, den sie liebte, und während sie tanzten, rühmten sie dessen Taten.

So war es damals Sitte. Nun gab es da einen Häuptling im Lager, der hatte drei Frauen, alle sehr hübsch. Wenn zum Tanz aufgerufen wurde, pflegte er zu ihnen zu sagen: »Warum geht ihr nicht hin und tanzt mit? Vielleicht ist da jemand im Lager, den ihr liebt.«

Dann antworteten die Frauen: »Nein, zum Tanz gehen wir nicht. Wir haben keinen Liebhaber.«

Nun wohnte in diesem Lager ein armer junger Mann, der hieß Api-kunni. Er hatte keine Verwandten, und niemand gerbte Felle und Pelze für ihn. Er war immer schlecht gekleidet. Wann immer er ein Kleidungsstück bekam, trug er es so lange, bis es ihm vom Leib fiel. Dieser junge Mann liebte die jüngste Frau des Häuptlings, und sie liebte ihn. Aber ihre Eltern waren nicht wohlhabend gewesen, also konnten sie sie Api-kunni nicht zur Frau geben, und als darauf der Häuptling um sie anhielt, hatte er leichtes Spiel. Manchmal trafen sich Api-kunni und dieses Mädchen, und sie redeten miteinander. Dann sagte er: »Paß nur auf und sage es niemandem, daß wir uns treffen.« Sie antwortete: »Da ist keine Gefahr. Ich will auch nicht, daß es herauskommt.«

Eines Abends nun wurde ein Tanz für die jungen Frauen angesagt, und der Häuptling sagte zu seinen Frauen: »Heute solltet ihr besser mal hingehen. Wenn ihr in jemanden verliebt seid, so könnt ihr für ihn tanzen.«

Zwei von ihnen sprachen: »Nein, wir gehen nicht. Es gibt niemanden, in den wir verliebt sind.«

Aber die Dritte sagte: »Nun, ich denke, ich gehe einmal zu diesem Tanz.«

Der Häuptling sprach zu ihr: »Dann geh doch, dein Liebster wird dich gewiß für den Tanz herausputzen.«

Das Mädchen ging in die alte Hütte, in der Api-kunni lebte, erzählte ihm, was sie vorhatte, und bat ihn, sie für den Tanz zu kleiden. Er aber sprach zu ihr: »Du hättest nicht herkommen sollen. Und daß du zu dem Tanz gehst, macht mir auch Sorgen. Ich habe dir doch gesagt, daß wir uns lieben, muß ein Geheimnis bleiben.«

Das Mädchen sagte: »Ach was, keiner wird deine Kleider erkennen. Zieh sie mir an, und ich geh damit auf den Tanz.«

»Aber«, sagte Api-kunni, »ich bin niemals mit unterwegs gewesen. Ich habe niemals gegen jemanden einen Schlag geführt. Und wenn du jetzt hingehst und tanzt, wirst du nichts rühmen können.«

Als er aber merkte, daß das Mädchen sich nicht abbringen

ließ, bemalte er ihr die Stirn rot und legte ihr einen Gänsebalg, den er besaß, um den Kopf. Er lieh ihr eine schlecht gegerbte Decke und sprach: »Wenn du unbedingt zum Tanz mußt, so sage, sobald die Reihe an dich kommt zu sprechen: Ich, der ich meinen Liebsten tanze, werde, sobald das Wasser im Bach warm wird, in den Krieg ziehen, und man wird sehen, daß auch ich einen Schlag führen kann.«

Das Mädchen ging zum Tanz. Alle Leute lachten über ihren lächerlichen Aufzug: den Gänsebalg auf ihrem Kopf und die schlecht gegerbte Decke um ihre Schultern. Die Leute beim Tanz fragten sie: »Nun, für wen tanzt du denn? Was für Heldentaten hast du zu berichten?«

Die Frau sprach: »Ich tanze hier für Api-kunni, und wenn das Wasser in den Flüssen warm wird im nächsten Frühling, will ich in den Krieg ziehen, und dann will ich euch erzählen, was für Taten ich vollbracht habe.«

Der Häuptling war auch dabei, und als er erfuhr, wen seine junge Frau liebte, war er sehr beschämt und ging in seine Hütte.

Als der Tanz zu Ende war, lief die junge Frau zu dem armen jungen Mann und brachte ihm die Kleider zurück. Während sie fort gewesen war, hatte Api-kunni über alles nachgedacht. Auch er schämte sich jetzt sehr. Er nahm ihr die Decke und den Gänsebalg ab und lief fort. So sehr grämte er sich, daß er das Dorf verließ; über die Prärie lief er, ohne sich weiter darum zu kümmern, wohin er kam, und dabei weinte er.

Als er so wanderte, gelangte er an einen See, und am Ende des Sees befand sich ein Biberdamm und bei dem Biberdamm das Haus des Bibers. Da blieb der junge Mann stehen, und in seiner Beschämung weinte er für den Rest des Tages. Endlich schlief er, auf dem Biberhaus liegend, ein.

Während er schlief, träumte er, ein Biber komme zu ihm,

ein sehr großer Biber, und er sagte: »Mein armer junger Mann, komm in mein Haus. Ich habe Mitleid mit dir. Ich will dir etwas geben, was dir helfen wird.«

Also erhob sich Api-kunni und folgte dem Biber in sein Haus. Als er in dem Haus drinnen war, wachte er auf. Ihm gegenüber saß ein großer weißer Biber, fast so groß wie ein Mann.

Der arme junge Mann dachte bei sich: »Das muß wohl der Häuptling der Biber sein. Er ist gewiß weiß, weil er sehr alt ist.«

Der Biber sang ein Lied. Es war ein seltsames Lied, und er sang eine lange Zeit. Dann sagte er zu Api-kunni: »Mein Sohn, warum bist du traurig?« Und der junge Mann erzählte ihm, was ihm widerfahren war und wie sehr er sich schämte.

Dann sprach der Biber: »Mein Sohn, bleibe doch diesen Winter über bei mir. Ich werde für dich sorgen. Wenn du unsere Lieder und unsere Sitten gelernt hast, kannst du wieder gehen. Bis dahin fühle dich hier ganz wie zu Hause.« Also blieb Api-kunni bei dem Biber, und der Biber lehrte ihn viele seltsame Dinge. All dies geschah im Herbst.

Der Häuptling im Lager vermißte den armen jungen Mann und fragte die Leute, wohin er gegangen sei. Keiner wußte es. Sie erzählten, sie hätten gesehen, wie er gegen den See zu dem Biberdamm hin gegangen sei. Darauf sei er verschwunden.

Nun hatte Api-kunni einen Freund, einen anderen armen jungen Mann, der »Wolfsschwanz« hieß, und der zog aus, um nach ihm zu suchen ...

Er ging auf den See zu, schaute sich überall um und rief den Namen seines Freundes. Als er an das Biberhaus kam, klopfte er an und rief: »Oh, mein Bruder, bist du hier?«

Api-kunni antwortete ihm und sagte: »Ja, ich bin hier. Ich wurde hereingelockt, während ich schlief. Aber ich kann dir nicht sagen, wie man hereinkommt, denn ich kenne das Geheimnis nicht.«

Wolfsschwanz sagte zu ihm: »Bruder, wenn das Wetter wärmer wird, bricht ein Kriegszug von unserem Lager auf.«

Api-kunni antwortete: »Geh heim und suche alle Mokassins zusammen, die du auftreiben kannst, aber sage niemandem, daß ich hier bin. Ich schäme mich immer noch. Wenn aber der Kriegszug aufbricht, dann komm her und bring mir die Mokassins, und wir werden beide von hier aus losgehen.«

Er sagte auch: »Ich bin sehr dünn. Die Nahrung der Biber bekommt mir nicht. Wir leben von Weidenrinde.«

Wolfsschwanz ging ins Lager zurück, und wie sein Freund ihm aufgetragen, suchte er alle Mokassins, die er finden konnte, zusammen.

Als nun der Frühling kam und das Gras zu wachsen begann, brach der Kriegszug auf. Zu dieser Zeit sprach der weiße Biber lange mit Api-kunni und erzählte ihm viele Dinge. Er tauchte ins Wasser herunter und brachte einen langen Stecken aus Espenholz, schnitt davon einen Teil ab, so lang wie der Arm eines Mannes, hieb die Blätter ab und gab dieses Gerät dem jungen Mann.

»Nimm das«, sprach der Biber, »und trage es bei dir, wenn du nun in den Krieg ziehst.«

Der Biber gab ihm auch einen kleinen Sack mit Medizin und erklärte ihm, wie er sie nutzen solle.

Als die Krieger nun aufgebrochen waren, kam Wolfsschwanz zum Biberhaus. Er brachte die Mokassins, und sein Freund trat heraus. Sie brachen in jener Richtung auf, den der Kriegszug eingeschlagen hatte. Sie holten die anderen ein, hielten sich aber etwas abseits, und auch bei Nacht lagerten sie sich in einiger Entfernung von den anderen.

Sie reisten viele Tage, bis sie an den Bow River kamen und

fanden, daß er Hochwasser führte. Auf der anderen Seite des Flusses sahen sie die Hütte eines Dorfes. Dort hielt ein Mann eine Rede, und Api-kunni sprach zu seinem Freund: »Oh, mein Bruder, ich werde diesen Mann töten, damit sich mein Schatz rühmen kann, daß ich einen Schlag geführt habe.«

Die beiden jungen Männer standen in geringer Entfernung vom Haupttrupp oberhalb am Fluß.

Die Leute im Dorf hatten die Blackfeet entdeckt, und einige waren zum Fluß heruntergelaufen. Api-kunni legte seine Kleider ab und begann jenes Lied zu singen, das der Biber ihn gelehrt hatte:

> Ich bin wie eine Insel,
> denn auf einer Insel erhielt ich meine Kraft.
> In der Schlacht lebe ich,
> alle Menschen weichen dort vor mir zurück.

Während er dies sang, hielt er den Stab in der Hand, den der Biber ihm gegeben hatte. Dies war seine einzige Waffe.

Er rannte ans Ufer, sprang in den Fluß, tauchte, kam in der Flußmitte wieder nach oben und begann ans andere Ufer zu schwimmen. Als die anderen Blackfeet einen der Ihren quer über den Fluß schwimmen sahen, sprachen sie zueinander: »Wer ist das? Warum hält ihn niemand zurück?«

Inzwischen hatte der Mann, der die Rede gehalten hatte, bemerkt, daß da einer herübergeschwommen kam. Er ging zum Ufer, um ihn zu treffen. Er sagte: »Wer mag dieser Bursche nur sein? Gewiß ist er ein Fremder. Ich will hingehen und ihn töten.«

Als der junge Mann fast das andere Ufer erreicht hatte, watete der Mann in den Fluß, zog sein Messer und wollte ihn erstechen.

Als Api-kunni sich näherte, tauchte er wieder und kam ganz dicht neben dem Mann wieder heraus. Dann rannte er ihm den Biberstock durch den Leib. Der Mann stürzte ins Wasser und starb auf der Stelle.

Api-kunni fing seinen Körper auf, tauchte damit unter Wasser und kehrte zum anderen Ufer zurück, wo sein Freund auf ihn wartete.

Alle Blackfeet-Krieger stießen ein Triumphgeheul aus, denn sie waren froh, einen so raschen Sieg davongetragen zu haben. Ihr Geschrei konnte man bis hinüber in das Dorf der Feinde hören. Die Leute dort aber trauerten um den Mann, der getötet worden war. Die Menschen in jenen Tagen töteten einander nie, und dies war das erste Mal, daß jemand im Krieg getötet worden war.

Sie zogen die Leiche ans Ufer, und Api-kunni sagte zu seinem Bruder: »Schneide die langen Haare an seinem Kopf ab.«

Der junge Mann tat, wie ihn geheißen. Er skalpierte den Mann und berührte die Leiche mit seiner Keule, und von dieser Zeit an töten die Menschen einander im Krieg und skalpieren die toten Feinde, wie das der junge Mann getan hatte. Zwei andere aus dem Trupp kamen und berührten ebenfalls die Leiche mit ihren Keulen.

Darauf zog die ganze Gruppe heim in das Dorf, aus dem sie gekommen war.

Als sie das Lager sichteten, setzten sie sich in einer Reihe nieder. Der Mann, der den Feind getötet hatte, saß weit vor den anderen. Hinter ihm saß sein Freund, und hinter Wolfsschwanz saßen die zwei, die ebenfalls seinen Körper mit ihren Keulen berührt hatten.

Der Häuptling des Dorfes hörte, daß Männer auf einem Hügel in der Nähe saßen, und als er hinsah, sagte er: »Da sitzt einer vor all den anderen. Jemand soll hingehen und nachschauen, was das zu bedeuten hat.«

Ein junger Mann rannte hinaus, und als er den armen jungen Mann erkannt hatte, kehrte er um und meldete es dem Häuptling.

Der Häuptling sah sich um und sagte: »Wo ist meine jüngste Frau? Geht und holt sie her.«

Sie gingen und fanden sie damit beschäftigt, Rosenknospen zu pflücken, denn während der junge Mann, den sie liebte, fort war, pflegte sie häufig wegzugehen und sich damit zu beschäftigen.

Als sie nun zur Hütte des Häuptlings kam, sagte dieser zu ihr: »Da ist der Mann, den du liebst. Er ist gekommen. Geh und begrüße ihn.«

Sie lief rasch zu ihm hin, und er sagte: »Gebt ihr das Haar des toten Mannes. Hier ist sein Messer. Hier ist der Umhang, den er trug, als ich ihn tötete.« Zu dem Mädchen aber sagte er: »Nimm all diese Dinge mit ins Dorf, und sage den Leuten, die dich ausgelacht haben, hier sei nun das, was du ihnen während des letzten Tanzes versprochen hast.«

Alle Krieger erhoben sich und liefen ins Lager. Das Mädchen nahm den Skalp, das Messer und den Umhang und brachte alles ihrem Mann. Der Häuptling lud Api-kunni in seine Hütte. Er sprach: »Ich sehe, du bist im Krieg gewesen. Du hast mehr vollbracht als irgendeiner unter uns. Deswegen sollst du nun auch ein Häuptling sein. Nimm diese Hütte und diese Frau. Meine beiden anderen Frauen werden deine Dienerinnen sein.«

Als Api-kunni das hörte und die junge Frau in der Ecke der Hütte sitzen sah, konnte er nicht sprechen. Es zog ihm die Kehle zusammen.

Also lebte Api-kunni in diesem Dorf und war dessen Häuptling geworden.

Nach geraumer Zeit rief er seine Leute zusammen und erzählte ihnen von den seltsamen Dingen, die die Biber ihn gelehrt hatten, und von der Kraft, die sie ihm gegeben hatten. Er sagte: »Dies alles wird uns sehr nützen, und später soll es an unsere Kinder weitergereicht werden, und wenn sie sich die Überlieferung zu eigen machen, die durch die

Biber auf uns gekommen ist, werden sie glücklich sein. Diese Saat hier aber hat mir der Biber gegeben, und er hat mir gesagt, ich solle sie jedes Jahr pflanzen. Wenn wir Hilfe von den Bibern brauchen, müssen wir diese Pflanze rauchen.«

Die Pflanze war der indianische Tabak, und von den Bibern haben die Blackfeet ihn bekommen. Geheimnisvolle Dinge lernte dieser Mann von den Bibern, und sie sind unter den Blackfeet bekannt bis auf den heutigen Tag.

Nachwort

▲▲▲▲▲▲▲▲

Die indianischen Bevölkerungen, die in diesem Band vorgestellt werden, sind auf den Großen Ebenen, den Prärien und Plains Nordamerikas beheimatet, dem riesigen Gebiet zwischen dem Mississippi im Osten, den Rocky Mountains im Westen, der mexikanischen Grenze im Süden und den südlich-zentralen kanadischen Provinzen im Norden.

Vor der Ankunft der Europäer war dies eine fast menschenleere Steppenlandschaft, unendliche Grasfluren, die nach Westen und Süden hin immer trockener wurden, bis hin zu halbwüstenartigen Einöden. Baumbestandene Ufer von zahlreichen Fließgewässern fanden sich nur im östlichen Teil der großen Region, in der Prärie. Größere Waldgebiete waren auf wenige isolierte Gebiete beschränkt.

Die ersten Weißen, die sich auf den Ebenen als Farmer niederließen, klagten über die häufige Folge von regenlosen Sommern und über ständige Heuschreckenschwärme: Dies war kein Land für ackerbauende Siedler. Indianische Dörfer, deren Bewohner Bohnen, Mais, Kürbis und auch Tabak anbauten, gab es nur an den Rändern der Bäche und Flüsse im Osten.

Die Großen Ebenen waren vielmehr ein Paradies für Jäger. Neben zahlreichem kleinerem Jagdwild waren es vor allem die gewaltigen Büffel, die amerikanischen Bisons, die das Überleben der indianischen Jäger sicherten und ihre Kulturen nachhaltig prägten. Büffel bedeuteten Fleisch, Felle und noch viel mehr Brauchbares in Hülle und Fülle, allerdings mit zwei Einschränkungen. Die frühen indianischen Jäger konnten sich nicht allzu weit von ihren Lagerstätten entfernen. Sie waren zu Fuß, und es mußte ihnen jeweils gelingen, die Büffelherden über eine Klippe zu jagen oder sie in einen Pferch zu treiben, wo sie sie dann mit ihren einfachen Waffen erlegten. Im Herbst kehrten die Jäger dann in ihre Dörfer zurück und halfen den Frauen beim Einbringen der Ernten. Die Jagdbeute transportierten sie auf einem sogenannten *travois*, einer auf zwei Stangen gebundenen Plattform, vor die ein Hund gespannt wurde.

Bekleidet waren die Indianer dieser frühen Zeit in der warmen Jahreszeit mit einem Lendentuch, Beinkleidern aus Leder und einfachen Lederhemden. Die Büffelfelle und -häute verarbeiteten sie zu Wintermänteln und zu Sohlen für ihre Mokassins. Während die Familien in den Dörfern in Erdhütten wohnten – mit Holzstämmen als Rahmen, die mit Lehm beworfen und mit Zweigen verkleidet wurden –, hausten die Männer während der Jagdzüge auf der Prärie in sogenannten Tipis, das sind konische Stangenzelte, die mit Tierhäuten gedeckt waren.

Der Weiße Mann ließ sich nach seiner Ankunft in der Neuen Welt zunächst nicht in den Großen Ebenen selbst nieder, sondern östlich und südlich davon. Trotzdem kam es dadurch zu einer einschneidenden Veränderung in den Lebensbedingungen der Indianer. Die Spanier brachten das Pferd nach Amerika, und sie besaßen Feuerwaffen. Indianische Stämme drängten in Gebiete, in denen sie mit den Weißen Handel trieben, vor allem aber sich Pferde beschaffen konnten.

Während der Blütezeit der historischen Bisonjägerkultur im 19. Jahrhundert teilten sich zahlreiche berittene Indianervölker den gemeinsamen Lebensraum der Prärien und Plains: Aus der großen Sprachfamilie der *Sioux* die *Sieben*

Ratsfeuer der *Dakota* mit mehreren Unterabteilungen, die *Crow* und *Assiniboine,* die seßhaften *Mandan* und *Hidatsa,* und die Sioux der südöstlich-zentralen Gebiete mit den *Omaha, Ponca, Kansa, Quapaw, Osage,* den *Iowa, Oto* und *Missouri* sowie den *Winnebago.* Zum Sprachstamm der Algonkin zählten die *Cheyenne,* die *Blackfeet,* die *Gros Ventre, Plains-Cree, Plains-Ojibwa* und die *Arapaho.* Athapaskisch sprachen die *Sarsi,* die *Kiowa-Apachen* und die *Lipan.* Die *Pawnee, Wichita* und *Arikara* waren Caddo-Sprecher, und die *Schoschonen* und *Comanchen* sind der uto-aztekischen Sprachfamilie zuzurechnen.

Der Name »Sioux« ist die Endung des Wortes *nadowessioux*, eines französisch verballhornten Wortes der Algonkin-Sprache, das *Schlangen* oder *Feinde* bedeutet. Als die Franzosen ihnen zum ersten Mal begegneten, war der Hauptteil der Sioux-Stämme schon in westlicher gelegene Regionen, an die Großen Seen, in den Nordwesten von Wisconsin, ins östliche Minnesota und ins Quellgebiet des Mississippi abgewandert. Aus diesem Land wurden sie von den Franzosen und den Ojibwa vertrieben, die den Sioux durch den Besitz von Feuerwaffen überlegen waren. Schließlich zogen sie in die Black Hills und in das Land am Platte.

Im Verlauf ihrer Wanderungen gaben einige den Feldbau völlig auf, von dem sie in ihrer östlichen Heimat gelebt hatten. Mit Ausnahme der östlichen Dakota, die seßhaft wurden und Bodenbau betrieben, beschafften sich nun die übrigen Stämme der Sioux-Nation Pferde und führten das Wanderleben von Präriejägern.

Nach dem Jahr 1875, als es zu einem Friedensschluß zwischen den Dakota und den Ojibwa gekommen war, beherrschten erstere das gesamte Territorium von Devil's Lake bis Sioux City, vom Ostufer des Mississippi bis fast zu den Rocky Mountains. Nach und nach wurde ihnen ein

Landstreifen nach dem anderen von der amerikanischen Regierung weggenommen.

Die Geschichte der Kriege zwischen den Weißen und den Dakota ist häufig erzählt worden. Selten allerdings aus der Sicht der Indianer. Heute leben die Reste dieser Stämme in mehreren Reservationen der Bundesstaaten North und South Dakota.

Bei den Dakota steht der Stammeskreis für den Kosmos. Der Kreis wird geteilt in zwei Hälften, die für Himmel und Erde stehen. Jeder Zweig eines Stammes besitzt ein besonderes Symbol, das sich auf eine kosmische Kraft bezieht. Der Name des Klans und der persönliche Name seiner Mitglieder haben ebenfalls einen Bezug zu diesem Symbol. Den persönlichen Namen erhält man bei einer Zeremonie. Innerhalb ein und desselben Stammes beziehen sich die Klannamen auf Sonne, Mond, Sterne, Wolken, Regen und Wind, auf die Erde, Berge, Seen, Flüsse und auf alle Tiere vom Vogel bis zu den Insekten. Die Mitglieder ein und desselben Klans gelten als verwandt, sind aber nicht blutsverwandt. Mitglieder ein und desselben Klans helfen einander auf der Jagd und bei der Ernte sowie beim Zelt- und Hüttenbau. Der Klan unterstreicht die Verbindung, die zwischen verschiedenen Familien besteht. Er dient auch dazu, den Frieden zwischen seinen Mitgliedern aufrechtzuerhalten und für die Grabstätten zu sorgen. Ein Klan kann sich auch auf bestimmte Tätigkeiten spezialisieren und damit dem ganzen Stamm dienen.

Der Stamm der *Cheyenne* bestand aus zwei eng miteinander verbundenen Gruppen, den eigentlichen *Cheyenne* oder *Tsistsistas* und den *Suhtai*. In den Tagen der weißen Entdecker Lewis und Clark (1806) waren beides eigenständige Stammesorganisationen.

Die Cheyenne waren westwärts vom Lake Superior quer

durch Minnesota und die heutigen Bundesstaaten North und South Dakota an den Missouri gezogen, an dessen Ufern lange ihre Dörfer standen. Zu jener Zeit bestritten sie ihren Lebensunterhalt durch Feldbau und Jagd. Sie zogen schließlich weiter westwärts und erreichten die Black Hills, wo sie sich für den Zeitraum mehrerer Generationen niederließen.

In dieser Zeit befehdeten die Cheyenne zumeist ihre Nachbarstämme, während sie sich den Weißen gegenüber friedlich verhielten. Das änderte sich nach dem *Sand Creek Massaker* 1864, mit dem die Indianerkriege in den Großen Ebenen eigentlich begannen, die sich mit kurzen Unterbrechungen, was diesen Stamm anging, bis 1880 hinzogen. Im Juni 1876 waren die Cheyenne bei der Schlacht am *Little Bighorn River* mit dabei. 1877 ergab sich ein Teil der Northern Cheyenne General Miles, und von da an kämpften häufig Cheyenne als Scouts auf seiten der Weißen in den Feldzügen der US-Armee gegen jene Stämme, die weiterhin nicht bereit waren, sich in Reservationen abschieben zu lassen. 1880 waren die kriegerischen Auseinandersetzungen zwischen den Prärieindianern und den Weißen weitgehend abgeschlossen. Von nun an teilten die Cheyenne wieder das Schicksal der übrigen Stämme der Großen Ebenen: Einsperrung in Agenturen und Reservationen. Umerziehung, Niedergang, Apathie, Elend heißen die Stichworte, die für die nun einsetzende Entwicklung signifikant sind.

Gerade bei den Cheyenne gab es eine sehr umfangreiche mündliche Überlieferung, die von *George Bird Grinnell* in vorbildlicher Weise gesammelt und publiziert worden ist. Er traf mit den Cheyenne zum ersten Mal 1890 zusammen. In den folgenden vierzig Jahren verging kein Sommer, in dem er den Stamm nicht besuchte. Über die Bedeutung des Geschichtenerzählens als Faktor der Kulturvermittlung schreibt Grinnell:

»Da die Indianer keine Bücher besitzen und keine der bei uns üblichen Formen zivilisierter (sic!) Unterhaltung kennen, verbringen sie ihre Freizeit zumeist mit Gesprächen, Geschichtenerzählen und Reden. Sie gehen gern auf Besuch und verwenden viel Zeit darauf, die Neuigkeiten und den Klatsch, den es im Lager gibt, einander mitzuteilen und über Ereignisse der Vergangenheit miteinander zu plaudern. Da sie keine Schriftzeichen besitzen, wird ihre gesamte Geschichte von einer Generation auf die andere mündlich weitergereicht. Die Eltern schärfen dabei den Jungen ein, daß es von Wichtigkeit ist, die Geschichte jeweils genau so zu wiederholen, wie sie sie selbst erzählt bekommen haben. Geschichtenerzählen ist die beliebteste Form des Zeitvertreibs, und es war allgemein üblich für den Gastgeber, bei einem Fest einen Geschichtenerzähler mit einzuladen, der, nachdem man gegessen hatte, zu erzählen anfing. Männer, die als gute Geschichtenerzähler galten, waren sehr gefragt und populär. Das Lernen der Geschichten muß für die Jungen eine gute Gedächtnisübung gewesen sein, und häufig wurden sie von den Alten darin überprüft, ob sie die wiederholt gehörten Geschichten sich auch vollständig eingeprägt hatten.

Einige dieser Geschichten waren kurz, andere länger, ausführlicher oder zerfielen sogar in Fortsetzungen.

Eine Kurzgeschichte mochte erzählt worden sein, und wenn sie zu Ende war, sagte der Erzähler: ›Ich werde noch eine andere dranbinden.‹ Dann entstand eine längere Pause. Die Pfeife wurde angezündet. Man rauchte und unterhielt sich etwas. Darauf setzte der Geschichtenerzähler wieder ein, erzählte noch einen Abschnitt und endete wie zuvor. Solche Geschichten von vier bis sechs Fortsetzungen konnten sich über den ganzen Abend hinziehen. Auch bei einer formalen Zusammenkunft mochte jemand erzählen, und wenn er zu Ende kam, pflegte er zu sagen: ›Die Geschichte ist zu Ende. Kann einer noch eine anbinden?‹

Dann übernahm ein anderer und endete mit derselben Formel, bis alle in der Runde beim Erzählen drangekommen waren. Oder aber eine Geschichte endete mit dem Satz: ›Das schneidet es ab.‹

Unter den Geschichten aus der Vergangenheit waren Erzählungen über Vorfälle bei Beutezügen am beliebtesten. Aber unheimliche Geschichten, Geschichten um magische Vorgänge, um Taten der Heiler und Priester spielten auch eine wichtige Rolle. Wenn die Leute sich versammelt hatten, wurden die Eingänge zur Behausung geschlossen. Alle saßen still. Die Unterhaltung verstummte. Niemand konnte herein oder hinaus. Auch in der Nähe durfte während des Erzählens nicht gelärmt werden. Ablenkungen, so hieß es, brächten Unglück. Heilige Geschichten mußten immer während der Nacht erzählt werden. Hätte man sie am Tag vorgetragen, sagt man, wäre der Erzähler bucklig geworden.«

Die Wihio-Geschichten der Cheyenne gehören zu einer weitverbreiteten Serie von Indianergeschichten, die alle von den Taten und Abenteuern eines *Tricksters* handeln, der bei bestimmten Stämmen unter dem Namen *Nanabosho*, bei anderen unter der Bezeichnung *Napi* oder *Coyote* auftritt. Er besitzt übernatürliche Kräfte, ist befreundet mit Vögeln und anderen Tieren; Bosheit und Einfältigkeit sind in seinem Wesen immer auf merkwürdige Weise vermischt. Und er ist immer mehr oder minder in Schwierigkeiten.

Der Cheyenne-Ausdruck *Wihio* bezeichnet einen weißen Mann, hat aber außerdem die Bedeutung Spinne. Wihio spielt die Rolle des Schurken oder des Narren, der Unsinn macht und meist dabei übertölpelt wird.

Das angestammte Land der *Pawnee* lag im Herzen des heutigen Staates Nebraska, inmitten der fruchtbareren

Prärielandschaft in der Umgebung der Platte-, Loup- und Republican-Rivers. Ihre Existenzsicherung ruhte auf zwei Säulen. In den Frühlings- und Herbstmonaten lebten sie in großen befestigten Dörfern, die sich aus einer Vielzahl an riesige Maulwurfshügel erinnernden Erdhäusern zusammensetzten, bestellten ihre Felder und ernteten Mais, Bohnen und Kürbis. Die übrige Zeit des Jahres verbrachten sie mit der Büffeljagd, wobei die gemeinsame Jagd ganzer Stammesverbände auf die großen Bisonherden in den Sommermonaten das wichtigste Ereignis des Jahres darstellte, während im Winter nur kleinere Trupps die mächtigen Tiere verfolgten. Da die intensive Bisonjagd die mobilere Lebensweise notwendig machte, lagerten die meisten Pawnee in dieser Zeit wie ihre rein jägerischen Nachbarn auch in aus zahlreichen Tipis bestehenden Zeltdörfern.

Die Pawnee hatten von jeher ein besonderes Interesse an Himmelskunde. Sie hielten die Sterne für heilige Wesen. Sie legten regelrechte Observatorien an, in denen sie die Aussaattermine für den Mais bestimmten. Mehr noch als die Algonkin- und Irokesenstämme verherrlichten sie diese Kulturpflanze und erfanden Mythen über ihre Entstehung. Mit Maismädchen kommt der Mais in die Welt. Das Keimen des Maiskorns symbolisiert den Menschen und alles Leben. Die Maisfrau war die Mutter der Menschen. Es gab aber auch ein männliches Höchstes Wesen, das durch das Himmelsgewölbe verkörpert wurde.

Es scheint bei den Pawnee ein Ritual mit Menschenopfer gegeben zu haben, wie das auch in einem der Märchen anklingt. Es war üblich, dem Morgenstern ein junges Mädchen zu opfern, das jeweils von einem Nachbarstamm entführt, luxuriös gekleidet und auch sonst umsorgt wurde, ehe ihr im Verlauf eines Rituals ein Priester das Herz aus der Brust schnitt. Diese Zeremonie stand mit der Verherrlichung des Morgensterns und der heiligen Medizinbündel in Zusammenhang.

Die Pawnee rühmten sich, selbst nie gegen die Vereinigten Staaten gekämpft zu haben. Tatsächlich schlossen sie sich zumindest in den Indianerkriegen in der Mitte des 19. Jahrhunderts oft den Weißen an und dienten der Armee als Scouts. Zwischen 1865 und 1885 rekrutierte sich das gesamte Aufklärungskorps der Heeresverbände im Westen aus Pawnee. Bei Paraden trugen sie militärische Uniformen und wurden wegen ihrer Tüchtigkeit häufig geehrt. Doch diese Parteinahme des Stammes zugunsten des Weißen Mannes ersparte ihm nicht, denselben Weg zu gehen wie die anderen Stämme der Prärieindianer. Ende des 19. Jahrhunderts zwang man die Pawnee, ihre Heimat zu verlassen und sich in Oklahoma niederzulassen, wo ein großer Teil der Bevölkerung an Seuchen und Hunger umkam. Hatte der Stamm in Nebraska noch ca. 3000 Menschen gezählt, so berichtet George Bird Grinnell, daß er im Frühjahr 1888 im sogenannten Indianer-Territorium (Oklahoma) nur noch 800 Pawnee angetroffen habe.

Immerhin aber findet bis in unsere Tage Anfang Juli eines jeden Jahres, also um die Zeit, zu der früher die Indianer zur Sommerjagd aufbrachen, in Oklahoma ein *powwow* der Pawnee statt, zu dem Stammesmitglieder aus dem gesamten Gebiet der USA anreisen.

Für das weitere Verständnis der hier vorgestellten Erzählungen einige Randbemerkungen zu den spirituellen Vorstellungen der indianischen Kulturen auf den Prärien und Plains.

Das religiöse Denken der Sioux beispielsweise kreist um eine spirituelle Kraft, die *wakan* genannt wird. *Francis La Fleche*, ein Osage-Sioux und Ethnologe, umschreibt dies so: »Alles Leben ist *wakan*. Wakan ist alles, was eine Kraft darstellt, ob nun in Aktion wie die Winde oder die treibenden Wolken oder passiv, etwas aushaltend, ertragend wie der Kiesel am Wegrand. Selbst der unscheinbarste Stock oder Stein hat eine gewisse spirituelle Essenz, die man sich als Manifestation der alles durchdringenden, geheimnisvollen Macht vorzustellen hat, die das Universum erfüllt.«

Bei den Verwandten der Osage, den Oglala-Dakota, steht *wakan* manchmal für etwas Seltsam-Wunderbares. So benennen sie ihr erstes Pferd *wakan Hund*. Aber sie sprechen auch von Wakonda, dem *Großen Wakan*, was in etwa *Höchstes Wesen* bedeutet.

Bei der Weltsicht liegt es nahe, daß seit frühester Zeit einzelne Menschen versuchten, sich dieser Kräfte und Energien zu bedienen.

Fast jeder der Prärieindianer suchte einen persönlichen Schutzgeist, der ihm beim Fasten in der Wildnis in einer Vision erscheinen konnte.

Diese Schutzgeister (guardian spirits) offenbarten sich in den visionären Träumen häufig in Gestalt der verschiedenartigsten Naturphänomene; meist aber handelte es sich um tierische Helfer, die dem Suchenden Ratschläge gaben und ihn in der Herstellung besonders wirkkräftiger Medizinen unterwiesen. *Ruth Underhill* äußerte sich treffend über diese spirituellen Vertrauten: »Für die Jäger waren die wichtigsten Geister die der Tiere. Der Glanz, die ersten Bewohner der Erde zu sein, hing an ihnen, und der Mensch betrachtete sie als ihm überlegen. Die Tiergeister Nordamerikas hatten eine zweigesichtige Gestalt. Sie waren Mensch *und* Tier.

Als die Menschen sich zeigten, als die Tiere sich in die Wälder und Gewässer zurückzogen, behielten die Tiere (nach dieser Vorstellung) die Fähigkeit bei, je nach Wunsch sich eine menschliche Gestalt zu wählen. Auch in ihren eigenen Wohnplätzen verfuhren sie so. Versteckt dort, wo kein Sterblicher sie finden konnte, besaßen sie Lager und Dörfer mit Klanen und Zeremoniegruppen gerade wie die Indianer auch. Dort durften bevorzugte Menschen sie besuchen, und sie erfuhren dort etwas von der Weisheit und der magischen Kraft, über die solche Mensch-Tiere geboten.

Jeder Jäger brauchte diese Hilfe von den Tieren. Andererseits mußte er Tiere für seine Nahrung töten. Dies hätte Krieg zwischen den Tieren und den Menschen bedeutet, aber die Überlieferung erklärt, daß dieser Konfliktpunkt schon beigelegt worden sei, als die ersten menschlichen Wesen kamen. Wie auch die frühen Menschen in der Alten Welt, glaubten die Indianer, daß die Tiere nicht wirklich stürben. Sie legen nur Pelz oder Federn ab und kehren in ihre ursprüngliche Heimat zurück.

Die Vorstellung, daß Tiere in Wirklichkeit unzerstörbar seien, bedeutete nicht, daß der Jäger sie ausrotten oder benutzen durfte, wie es ihm gefiel. Ehe die Tiere ihre Herrschaft über die Welt abtraten, hatten sie angeblich die Bedingungen festgelegt, unter denen sie bereit waren, vorübergehend ihr Fleisch als Nahrung zur Verfügung zu stellen. Deswegen praktizierten die Jäger eine Form der Bewahrung, die zum Teil religiös, zum Teil praktisch motiviert wurde.«

Bei vielen der Prärie- und Plainsstämme spielten die sogenannten Medizinbündel eine wichtige Rolle. Sie bestanden aus Tierhäuten, Vogelfedern, Tabak und getrockneten Kräutern. Auch ihnen wohnte die Kraft inne, die spirituelle Essenz der Dinge, die konkret in ihnen zusammengefügt waren. Nur bei bestimmten Zeremonien wurden diese Bündel geöffnet. Ihr Ursprung und der anderer Zeremonialutensilien wird meist durch eine mythologische Geschichte vermittelt.

Als heilig galten den Indianern der Großen Ebenen zahlreiche verschiedene Objekte, Muster, kosmische Symbole, Gesänge, Zahlen oder auch die Bestandteile der persönlichen Medizinen. Von besonderer Bedeutung war in diesem Zusammenhang der heilige Kreis, in dem sich die Kräfte des Kosmos offenbarten: »Diese Form zeigte sich unter anderem in der Basis des Zeltes, dem Lagerring, dem Reifen, den die Oglala bei Beschwörungen benutzten, dem Rad der Arapaho, dem Rund der Trommel, dem mit einem Netzwerk versehenen Ring für das Reifenspiel und nicht zuletzt dem Rand des Pfeifenkopfes, der den Eingeborenen an den erdumfassenden Horizont erinnerte.« (*H. Hartmann*) Der heilige Kreis liegt auch den Vorstellungen vom Medizinrad zugrunde, die uns ein zeitgenössischer Cheyenne-Autor, *Hyemeyohsts Storm,* zu vermitteln versucht: »In gewisser Weise kann der Kreis, das Medizinrad, am besten verstanden werden, wenn man ihn sich als einen Spiegel vorstellt, der alles reflektiert. Das Universum ist der Spiegel der Menschen, hören wir von den alten Lehrern, und jede Person ist ein Spiegel gegenüber jedem anderen Menschen.

Bei den Sioux legen die Weisen das Medizinrad meist aus kleinen Steinen oder Kieseln, die sie als kreisförmiges Muster vor sich auf dem Boden ausbreiten.

Jeder einzelne dieser kleinen Steine im Medizinrad repräsentiert eines der vielen Dinge des Universums.

Im Stamm lernt ein Kind zuerst die vier großen Kräfte des Medizinrades.

Im Norden findet man auf dem Medizinrad Wissen. Die Farbe des Wissens, des Nordens, ist das Weiß. Der Süden steht im Zeichen der Maus, und seine Medizinfarbe ist das Grün. Der Westen steht im Zeichen des Bären. Der Westen ist der Ort der Versenkung in sich selbst. Die Farbe dieser Himmelsrichtung ist das Schwarz. Der Osten wird markiert durch den Adler. Hier ist der Ort der Illumination, der Punkt, von dem aus man sehr weit hin sieht. Die Farbe ist das Gelb oder das Gold des Morgensterns. Bei seiner Geburt wird jeder von uns an einen bestimmten Ausgangsplatz bei den Vier Großen Richtungen gestellt.

Jeder von uns hat auch seine persönliche Medizin, eine besondere Widerspiegelung in einem Tier. Die Eigenarten dieses Bildes sind bestimmt durch die Art des Tieres, aber auch durch den Ausgangspunkt des Individuums auf dem Medizinrad. Diese zwei Dinge, unser Medizintier und unser Ausgangspunkt, zusammen mit der Anfangsbegabung, sind einem jeden von uns von Miaheyyun geschenkt.

Zum Beispiel gibt es Adler-Menschen, Elch-Menschen, Bären-Menschen, Wolfs-Menschen, Fasanen-Menschen oder Otter-Menschen.

In jedem dieser verschiedenartigen Menschen sind dann noch die Unterschiede, die sich aus den vier großen Richtungen ergeben...«

Eine wichtige Rolle innerhalb der indianischen Gesellschaften auf den Prärien und Plains nahmen die Medizinmänner oder Schamanen ein. Obgleich die Bezeichnung *Medizinmann* auf die Krankenheilung verweist, waren die Aufgaben dieser Männer vielschichtig. Sie fungierten als Ärzte, Priester und Bewahrer der traditionellen Überlieferungen, sie mußten Erfolg und Mißerfolg von Stammesunternehmungen vorhersagen und verschwundenes Eigentum wiederfinden; bei den Pflanzergruppen der Prärie oblag ihnen außerdem, für den lebensspendenden Regen zu sorgen.

Daß unsere Klischees von diesen heiligen Männern nicht unbedingt zutreffen, verdeutlicht der Dakota-Medizinmann *Lame Deer*: »Ein Medizinmann zu sein ist, glaube ich, mehr als alles andere ein Bewußtseinszustand, eine Sichtweise, die Erde zu sehen und zu verstehen, ein Gespür und ein Verständnis dafür, worum es geht. Bin ich ein vićasá wakan (Medizinmann, heiliger Mann)? Ich denke schon. Was könnte oder würde ich sonst sein? Wenn du mich so in meinem geflickten abgetragenen Hemd siehst, mit meinen abgetragenen Cowboystiefeln, dem pfeifenden Hörgerät im Ohr, und wenn du die dünnwandige Hütte anschaust mit dem stinkenden Plumpsklo dahinter, das ich mein Zuhause nenne, dann paßt das eigentlich nicht zu dem Bild, das sich ein weißer Mann von einem heiligen Mann macht. Sicher nicht. Du kennst mich betrunken und hast mich schon gesehen, als ich völlig am Boden war. Du hast mich fluchen und schmutzige Witze erzählen hören. Du weißt, daß ich weder besser noch weiser als andere Männer bin. Aber ich war allein auf dem Berg, ich hatte meine Vision, und ich erhielt meine Kraft: der Rest ist Übung. Die Vision verläßt mich nie mehr.

Ich bin ein Medizinmann, weil mir ein Traum sagt, einer zu sein, weil mir befohlen wurde, einer zu sein, weil die heiligen Männer – Chest, Thunderhawk, Chips, Good Lance – mir geholfen haben, einer zu sein. Daran kann und will ich nichts ändern ...«

Die mit Abstand wichtigste Zeremonie für die historischen Bisonjäger und viele ihrer neuzeitlichen Nachfahren im Gebiet der Großen Ebenen war und ist der sogenannte Sonnentanz, eine komplexe religiöse Feier, die bei den verschiedenen Völkern der Region voneinander abweichende Ausformungen annehmen konnte und immer die Gelegenheit zum größten Stammestreffen des Jahres bot. Die sich über mehrere Tage und Nächte hinziehende Veranstaltung wurde in der Regel von einem Mann aufgrund eines Gelöbnisses ausgerichtet, das dieser nach einer glücklich überwundenen Gefahr oder nach einer überstandenen schweren Krankheit geleistet hatte. Einzelheiten des Rituals, wie beispielsweise das Aufstellen kleiner, geschnitzter Büffel rund um einen Pfahl, scheinen schon sehr früh sowohl bei den Stämmen des gesamten Mississippibeckens wie auch im Südwesten üblich gewesen zu sein.

Sie wurden bei der Sonnentanz-Zeremonie der Prärieindianer kombiniert mit einer Eigenart der Algonkin-
Stämme, nämlich der Suche nach einer Vision, zu der man
sich einer starken körperlichen Anstrengung aussetzte.
Das Ergebnis war ein eindrucksvolles Ritual, für das die
offene Prärie als Kultstätte diente und die Vegetation und
Teile des Büffels die Kultgegenstände abgaben.

Die Bezeichnung »Sonnentanz« ergab sich daraus, daß die
fastenden Tänzer bei den Dakota-Sioux in die Sonne starr-
ten. Die Cheyenne nannten die Zeremonie *Neulebens-
hütte*, die Ponca *Tanz der Heiligkeit* und die Arapaho *Op-
ferhütte*.

Bei allen Stämmen war der Zweck eine Erneuerung des
Lebens, die Verbindung mit der Erde, der Sonne und den
anderen spirituellen Kräften, vor allem denen der Winde,
damit der Stamm gesund bleibe, fruchtbar sei und sich immer genügend Büffel zeigten.

Die Selbstverstümmelungen, die diese Zeremonie berühmt und berüchtigt machten, waren mehr Randerschei-
nung und nur bei einigen Stämmen üblich.

Mit dem Auftauchen der Weißen in den Großen Ebenen
und der systematischen Abschlachtung der Büffelherden,
die bis 1890 fast völlig ausgerottet waren, veränderten sich
die Lebensumstände der Prärieindianer. Die weißen
Rancher und Siedler zäunten Weiden für die Rinder- und
Schafzucht ein oder begannen auf den ihnen durch das
Homestead-Gesetz von der Regierung garantierten Par-
zellen Ackerbau zu treiben.

Die Bundesregierung trieb die indianischen Nationen in
Agenturen und später in Reservationen, versuchte aus no-
madisierenden Jägern Ackerbauern zu machen und sie zur
Benutzung der Errungenschaften der weißen Zivilisation
zu veranlassen. Nach den negativen Erfahrungen mit den
Weißen (Vertragsbrüche, Einschleppung von Seuchen,

Fälle von Völkermord und der Deportation von Stämmen in weit entlegene Landesteile) sahen die Prärieindianer darin den Versuch, ihnen durch Anpassung an die Lebensweise der Weißen ihre Identität zu nehmen. Solange sie dazu noch stark genug waren, widersetzten sie sich mit kriegerischen Mitteln. So im Juli 1876, als sie in der Schlacht am Little Bighorn River der US-Kavallerie unter General Armstrong Custer eine vernichtende Niederlage beibrachten.

Die Rache der Angloamerikaner bzw. der Armee war jenes grausige Massaker, zu dem es 1890 im Zusammenhang mit der religiösen Protestbewegung der sogenannten »Geistertänzer« kam. Truppen feuerten mit Hotchkiss-Kanonen, einem Vorläufer des Maschinengewehrs, in eine Menschenmenge hinein. Jenes Kommando, das danach den Auftrag erhielt, die Leichen der Indianer unter die Erde zu bringen, zählte 64 Männer, 44 Frauen und 18 Kleinkinder, also insgesamt 126 Tote.

Die Ereignisse von Wounded Knee II im Jahre 1973 beweisen, daß die Sioux entschlossen sind, ihre indianische Identität entschieden zu behaupten.

Wie immer man die indianische Protestbewegung und ihre weitere Entwicklung einschätzen mag, ihre Aktivitäten können nicht darüber hinwegtäuschen, daß die Welt der Prärieindianer, der Stämme der Großen Ebenen, als ein »verlorenes, versunkenes Universum« *(Gene Weltfish)* gelten muß. Aber lebendig wird diese Welt in den Mythen, Märchen und Visionen, von denen einige in dem vorliegenden Band versammelt sind.

»Lange hat der Mensch die Angewohnheit gehabt, in die Vergangenheit zu schauen, um seinen Weg in die Zukunft zu finden. Die Anthropologie hat eine neue Dimension in unserem Denken bei der Erkundung der kulturellen Werte anderer Völker erschlossen. Es ist dies eine delikate Aufgabe, und es bedarf bei ihr einer besonderen Art und Fähigkeit des Zuhörenkönnens.

Das völlig verschiedenartige Bild vom Leben eines anderen Volkes kann man nur mit Geduld, Offenheit und Toleranz in sich aufnehmen.
Indem wir eine andersartige Perspektive menschlicher Erfahrungen begreifen, wird unsere Ansicht davon, was dem Menschen angemessen, was für ihn verbindlich sei, erschüttert. Wir fühlen uns verunsichert und sehen uns, angesichts neuer Horizonte, wieder genötigt, nachzudenken und zu fragen.« (*Gene Weltfish*)
Somit also wäre, neben der Entdeckung verschütteter Weisheit und Schönheit, die Konfrontation mit den Möglichkeiten des Menschlichen überhaupt das Abenteuer, in das uns ein solches Interesse hineinführt.

Frederik Hetmann

Quellenverzeichnis

▲▲▲▲▲▲▲▲

Eine Heilige Geschichte
Natalie Curtis, The Indians' Book, Songs and Legends of the
American Indians, New York 1923

Der Steinjunge
Legends told by the People, Healdsburg, CA, 1972 (Thanks for
the right-good thoughts were thought while translating this!)

Eine Frau folgt ihrem Geliebten in den Tod
Ella Deloria, Dakota Texts, Publications of the American Eth-
nological Society, Vol. 14, New York 1932

Bitte um übermenschliche Hilfe
France Densmore, Teton Sioux Music, Bureau of American
Ethnology Bulletins, 61, Washington 1918

Die kürzeste Geschichte, die je erzählt worden ist
Die Eule und der junge Krieger
The Sound of the Flutes and other Indian Legends, transcribed
and edited by Richard Erdoes, Pantheon Books, 1976, Seite 44

Wakan Olowan – Heiliges Lied
Sungmanitu Olowan – Wolfslied
Olowan-Lied
Die Geschichte des Geistertanzes
Die Geistertanz-Erzählung des Short Bull
Natalie Curtis, The Indians' Book, Songs and Legends of the
American Indians, New York 1923

Die Winteraufzählungen
Martha Warren Bechwith: Mythology of the Oglala-Sioux,
Journal of American Folklore 43, October–December 1930,
S. 339–442

Der-in-der-Nacht-sieht
Die Büffelfrau
Schwarzer Wolf und seine Väter
Der Schildkrötenmann
George Bird Grinnell, By Cheyenne Campfires, Yale Univer-
sity Press, 1926

Lieder der Cheyenne
Natalie Curtis, The Indians' Book, a. a. O.
Wihio verliert seine Haare
Die Pfeile des Medizinmannes
Wihio und der Coyote:
George Bird Grinnell, By Cheyenne Campfires, a. a. O.
Ti-ke-wa-kusch oder Der Mann, der die Büffel rief
Pa-hu-ka-tawa
George Bird Grinnell, Pawnee Hero Stories and Folktales,
New York 1889
Lieder der Pawnee
Natalie Curtis, The Indians' Book, a. a. O.
Der Junge, der geopfert wurde
Gene Weltfish, The Lost Universe. The Way of Life of the
Pawnee, New York 1965
Schöpfungsgeschichte
George Bird Grinnell, Blackfoot Lodge Tales, The Story of a
Prairie People, New York 1892
Indianisches Bewußtsein: Die Geister
Ruth M. Underhill, Red Man's Religion, The Universitiy of
Chicago Press, Chicago & London 1965, Seite 42/42
Der Hund und der Stock
Der alte Mann bei der Sonne
Der wunderbare Vogel
Die verlorene Frau
Schwerer Kragen und die Geisterfrau
Die Bibermedizin
George Bird Grinnell, Blackfoot Lodge Tales, a. a. O.

Verwendete Literatur in Auswahl

▲▲▲▲▲▲▲▲

Deloria, Vine: God is red. New York 1973.

Dorsey, G. A.: The Pawnee. Washington 1906. The Carnegie Institution of Washington, No. 59.

Grinnell, G. B.: The Cheyenne Indians, 2 Bde. New Haven 1923.

Hartmann, Horst: Die Plains- und Prärieindianer Nordamerikas. Veröffentlichungen des Museums für Völkerkunde Berlin NF 22. Berlin 1973.

Hassrick, R. B.: The Sioux. Life and Customs of a Warrior Society. Norman 1964.

Hultkrantz, A.: Prairie and Plains Indians, Iconography of Religions, Section 10: North America. Leiden 1973.

Lame Deer/Richard Erdoes: Tahca Ushde-Medizinmann der Sioux. München 1979.

Lowie, Robert H.: Indians of the Plains. New York 1963.

Müller, Werner: Glauben und Denken der Sioux. Berlin 1970.

Schulze-Thulin, Axel: Indianer der Prärien und Plains. Linden-Museum Bildheft 2. Stuttgart 1976.

Storm, Hyemeyohsts: Seven Arrows. New York 1972.

Underhill, Ruth M.: Red Man's Religion. Chicago und London 1965.

Weltfish, Gene: The Lost Universe. The Way of Life of the Pawnee. New York und London 1965.